El don de la sobriedad

Una transformación espiritual

Por **Rose B.**

Copyright © 2019 por Rose B.

Número de control de ISBN:

unido: 978-1-77419-024-1
(eBook): 978-1-77419-025-8

Todos los derechos estan reservados. No se puede reproducir ni transmitir ninguna parte de este libro de ninguna forma ni por ningún medio, ya sea electrónico o mecánico, incluidas fotocopias, grabaciones o cualquier sistema de almacenamiento y recuperación de información, sin autorización por escrito del titular. derechos de autor.

Depósito legal : 02/11/2020

Para pedir copias adicionales de este libro, comuníquese con:

Maple Leaf Publishing Inc.
3rd Floor 4915 54 Street Red Deer, Alberta T4N 2G7, Canada
1-(403)-356-0255

Dedicatoria

Este libro está dedicado a mi patrocinadora y a todos aquellos que desinteresadamente dieron su tiempo, conocimiento y amor para ayudarme en mi viaje de recuperación del alcoholismo. También está dedicado a todos aquellos que aún sufren.

Oh Thou, Who gives sustenance to the universe,
From Whom all things proceed,
To Whom all things return,
Unveil to us the face of the True Spiritual Son/Sun,
Hidden by a disk of golden light,
That we may know the Truth,
And do our whole duty,
As we journey to Thy Sacred Feet.

Preludio de una canción de Prince

Circle of Fire

Adelante

Es un placer escribir esto para Rose Bruce. Conozco a Rose desde hace más de diez años, los dos últimos como terapeuta. La vi subir y bajar cuando había sufrido una gran pérdida y un desafío emocional significativo. Rose es una mujer profesional y educadora extremadamente inteligente y exitosa, dotada de muchos talentos, energía ilimitada y una gran curiosidad espiritual. Ella también es alcohólica. Después de que Rose lanzó el programa de 12 pasos de Alcohólicos Anónimos, profundizó su investigación para comprender mejor la enfermedad y su propia ascendencia. Hizo una búsqueda sincera de autoconciencia, humildad y conexión espiritual. Significaba un salto en su bienestar, una mejora en todas sus relaciones y la base de su ecuanimidad. He sido testigo de los cambios de Rose en el último año y es raro para mí ver a alguien dedicarse tan seria y completamente a su recuperación, como ella.

Este libro comenzó como un diario para su propia curación, para su recuperación y para informar sobre sus experiencias. Su decisión de convertir su propio diario de viaje en un libro público surgió de su deseo de estar al servicio. Creo que lo encontrará tan atractivo e informativo como yo.

Si usted o alguien que conoce está luchando contra la enfermedad del alcoholismo, este libro educará e inspirará a lo largo del viaje narrativo de esta mujer singular.

Por **Frances Fuchs**, 2018

Tabla de contenido

Dedicatoria...2
Adelante...3
El comienzo...6-7
Otro giro inesperado...8-9-10
La próxima fase de mi vida.............................11-12-13
Aprendiendo sobre el alcoholismo....................14-15
La oración del tercer paso....................................15
Sueños y orientación...16
Gary...16-17-18-19-20-21
Leslie..22-23
Éric...24-25-26
Un Nuevo auto..27
Un nuevo libro para leer 28
La voluntad de Dios..29
El Sagrado Corazón..30-31
Depresión...32-33-34
Mayor potencia...35
Escuela Espiritual 36
Resumen de 2017..37-38
Sueños, estar roto y apagones............................39-40
Mensaje de Leslie..41
Rendición..42
Muerte..43-44-45

Una enfermedad progresiva	46
Temor	47
El ritmo de mi semana	48-49
Bendícela y cámbiame	50-51
Esperanza y alegría	52
Ser de servicio	53
Pensamientos suicidas	54-55
No lo haces solo	56
Ser secretario	57
Es mi enfermedad hablando	58-59
Similitudes, no diferencias	60-61-62
Mi patrocinadora	63-64
Amigos	65
Alzheimers	66-67-68-69
Incertidumbre	70-71-72-73
Mi lugar seguro y privado	74-75
Mi corazón	76-77
Gratitud	77
El final	77

Apéndice A...78
Los Doce Pasos de Alcohólicos Anónimos

Apéndice B...79
Referencias

El comienzo

Estoy escribiendo este diario porque siento que estoy cambiando y quiero hacer una crónica de lo que siento y pienso para poder entender, más adelante, cómo se produjeron estos cambios.

Mi nombre es Rose y soy alcohólica. Ahora entiendo eso, pero no lo supe durante mucho tiempo. Me crie en una familia luterana sueca de Kansas. Todo lo que sabía sobre el alcohol era que lo bebíamos en la cena de Pascua y Navidad (cuando era adulto). Podría tomar una copa de vino o tal vez dos. Pero eso fue todo.

Fui criada para ser esposa y madre. Me casé a los 19 años al igual que mi madre y mis dos hermanas antes que yo. Sin embargo, para mí, eso terminó cuando mi esposo desde hace cuatro años abandonó el matrimonio de repente. Llegué a casa del trabajo un día de verano y él no estaba allí. No había nota y no podía entender dónde estaba. Miré en el armario y vi que su ropa se había ido. Llamé al banco y me dijeron que había retirado la mitad de nuestra cuenta corriente y de ahorros. Estaba devastada y me sentía enferma. Estuve entumecida durante varios meses e intenté desesperadamente descubrir qué hacer. Mis padres me dijeron que fue mi culpa. Eso no me pareció correcto. Mi papá me llevó a hablar con su ministro y me sentí totalmente incomprendido y juzgado. Me di cuenta de que estaba sola para descubrir quién era. Así que decidí hacer un viaje con un nuevo amigo, que había vivido en España durante dos años y hablaba español con fluidez, a través de México, América Central y América del Sur. Siempre había querido ver el mundo y había viajado a Europa con mi esposo. Pasaron siete meses antes de regresar a casa en California. Durante ese tiempo tuve tiempo para reflexionar, leer y comenzar a hacer hatha yoga y darme cuenta de que todo lo que me habían enseñado era una referencia a la cultura en la que me crie.

Aprendí algo de español y hablé con mujeres mientras viajábamos. pueblo a pueblo. Les preguntaría sobre sus vidas, esperanzas y sueños. Por lo general, no tenían ninguno y más bien estaban seguros de que pasarían el resto de sus vidas en la ciudad cálida y polvorienta en la que nacieron. Probablemente tenían razón. Me di cuenta de que tenía muchas opciones por nacer blanca, mujer y en Estados Unidos. Sentí una gran responsabilidad de hacer algo con mi vida y decidí regresar a la universidad.

Compré en las universidades del norte de California. Estaba interesada en las cartas del tarot en ese momento y cada vez que preguntaba sobre una universidad en particular, aparecía la carta del Sol, que es una carta arcana importante que representa alcanzar el nivel espiritual más alto. No sabía exactamente qué significaba eso, pero sentí que implicaba que había cosas buenas por delante. Así que me mudé a un pequeño pueblo en el valle de California para asistir a una universidad estatal. Obtuve mi licenciatura y maestría (en psicología y asesoramiento, respectivamente). También obtuve un Cinturón Negro en Kodenkan Ju Jitsu. Vivía sola en una pequeña casa que mis padres habían comprado para que me quedara y me encantó. Podía hacer lo que quisiera de día o de noche y sentía que finalmente estaba llegando a saber quién era.

Otro cambio inesperado

Después de graduarme y trabajar durante aproximadamente un año y medio en la universidad a la que había asistido, decidí que era hora de obtener más educación para promover mi carrera profesional. En ese momento estaba interesada en ser un consejero, así que decidí inscribirme en un programa de doctorado privado en Psicología Clínica en Berkeley, California, viajaba entre la ciudad en la que vivía y allí. Me estaba apoyando haciendo un mensaje con cita previa en el dojo que ayudaba a mantener. Este era un tipo de mensaje de cuerpo completo diseñado para promover la salud general que había aprendido cuando estudiaba Ju Jitsu. Tenía muy poco dinero pero sentía que estaba en el camino correcto.

Entonces, de repente, mi vida se vino abajo otra vez. Tuve una serie de tres sueños a la semana seguidos las noches antes de volver a casa desde Berkeley. El primero era lo suficientemente inocuo, solo un amigo belter negro que me hablaba. Pero sucedió literalmente como lo había soñado. No sabía qué significaba eso, pero confiaba en los siguientes dos cuando ocurrieron. El último era de mi entonces esposo de un año y medio, mi instructor de Ju Jitsu, que estaba con otra mujer. Ese fin de semana lo encontré con esa mujer y me di cuenta de que ese matrimonio había terminado. Una vez más me sorprendió y devastó y no sabía qué hacer.

Unos meses más tarde conducía bajo la lluvia en esa pequeña ciudad universitaria preguntándome qué hacer con mi vida. Mis limpiaparabrisas no funcionaban en ese momento y me sentí totalmente solo e inseguro sobre qué hacer. Decidí conducir para ver a un hombre que conocía cuando trabajaba en Tower Records y que me matriculaba en la universidad. Él abrió la puerta y me barrió en sus brazos. Esto comenzó otra relación en la que confiaba. Salimos y decidí casarme con él. Me sentí totalmente apoyada en mis objetivos. Sin embargo, después de casarnos y era hora de regresar para el segundo año del programa de doctorado, tuvo un gran ataque cuando dije que estaba regresando.

En su mente, estaba con él ahora y eso significaba quedarme con él. Me desvió del camino pero sentí que necesitaba abandonar el programa. Empecé a beber vino todo el día cuando estaba sola y él estaba fuera en el trabajo. Me di cuenta de que esto no era saludable y decidí asistir a una reunión de AA en la ciudad. Asistí a estos durante unos seis meses. Escuché atentamente y leí el Gran Libro de Alcohólicos Anónimos. Leí las Reflexiones diarias e hice los Doce Pasos (ver Apéndice A) solo. Fui muy sincero. Sin embargo, no entendí acerca de obtener y necesitar un patrocinador. Traté de hacer el programa solo y después de unos meses me alejé de AA.

Nos mudamos a un condado en el norte de California y conseguí un trabajo en la Agencia de Abuso de Drogas programando entradas. Un día, un consejero del programa que buscaba trabajo en la universidad de esa ciudad me dijo que había una oportunidad para una psicometría (una persona que entiende la teoría y los métodos de medición psicológica) y ¿no lo había hecho antes? Sí, y la solicitud de trabajo tuvo que ser entregada al día siguiente. Solicité y obtuve el trabajo. Ahora veo que mi Poder Superior estaba interviniendo en mi vida para ponerme en un nuevo camino. Comencé a trabajar allí y permanecí allí durante 28 años. Poco a poco me fortalecí en parte porque eso era necesario para mí en mi posición profesional.

Me dijeron que necesitaba obtener un doctorado para avanzar en mi profesión. Así que busqué y encontré el programa perfecto para mí en la Universidad de California en Berkeley. Me sería posible viajar allí y volver al trabajo. Me dieron un día libre para asistir a clases y decidí que quería asistir. Mi esposo no había cambiado de opinión acerca de que yo obtuviera un título avanzado y no apoyaba este plan. Lo llevé a hablar con mi supervisor en ese momento, quien me explicó por qué necesitaba el título. Eso todavía no lo convenció. Sin embargo, me había hecho más fuerte y estaba decidido a ir. Un día, durante el almuerzo, le dije que me iba a inscribir en el programa de doctorado. Él dijo «si vas a ir a la escuela, entonces quiero que me compres un auto deportivo». Le dije que estaba bien. y fuimos y compramos un Fiero rojo.

Él era libre para pasear y yo era libre para volver a la escuela. Después de seis años obtuve mi doctorado de la Universidad de California en Berkeley con un enfoque en la medición y los métodos cuantitativos en psicología educativa. Cuando terminé mis estudios de doctorado, fui ascendido a Director de la Oficina de Pruebas de la Universidad donde trabajaba. Seguí trabajando allí hasta mi jubilación, 28 años después, ocupando varios puestos de creciente responsabilidad en el camino. Cuando me jubilé, fui Vicepresidente Asociado de Investigación Institucional.

Aproximadamente cuatro años después de mis estudios de doctorado, mi esposo fue diagnosticado con SIDA. Esto fue un shock total para mí y nuevamente estaba devastada. Me sentí decidida a continuar con mis estudios, pero me di cuenta de que tenía que aprender a cuidarlo. Entonces leí todo lo que pude sobre la enfermedad y lo poco que se entendía al respecto (esto fue en la década de 1980). Me di cuenta de que tenía dos opciones: responder con amor o responder con miedo. Elegí el amor. Me hicieron la prueba del virus y descubrí que no me lo habían transmitido. Creo que mi Poder Superior había protegido ya que no habíamos practicado sexo seguro durante varios años. Me quedé con él, cuidándolo, hasta que falleció tres años y tres meses después. De nuevo, mi vida se había desmoronado.

La siguiente fase de mi vida

Mientras trabajaba en la Universidad Estatal, enseñé ocasionalmente en el Departamento de Psicología sobre estadísticas y métodos de investigación. Mientras daba una conferencia introductoria sobre el análisis de Rasch, el tema de mi disertación, durante la primera clase del semestre, una mujer en el fondo de la sala levantó la mano con entusiasmo para hacer preguntas. Ella era la única persona en la sala que entendía de lo que estaba hablando. Se llamaba Leslie. Así comenzó una maravillosa amistad que duró treinta años. Nos reuníamos para almorzar o ella se detenía durante mis horas de oficina y discutía todo tipo de temas, desde matemáticas hasta psicología, espiritualidad y muerte. Hablamos durante horas y luego salimos de la puerta de mi oficina y nos dimos la mano. Estaba muy consciente de nuestras posiciones respectivas y de que no era apropiado involucrarme con un estudiante. Cuando mi esposo estaba en el proceso de morir, ella me dio mucho consuelo y solidaridad.

Después de la muerte de mi esposo, lamenté su muerte. Seguí encontrando a Leslie para el almuerzo. Era muy consciente de que estaba enamorada de ella, pero no sabía cómo lidiar con el hecho de que ella era una mujer. Recuerdo un día en el almuerzo cuando se enojó, hablando de la muerte de su madre, y quería extender la mano y tocar su mano en apoyo. Me di cuenta de que la gente que nos rodeaba nos miraba y dudé en tocar su mano. Entonces me di cuenta de que mi sentimiento de amor era mayor que mi miedo a lo que pudieran pensar. Toqué su mano. Esto comenzó mi aceptación gradual de mi amor por Leslie. Fue una asociación y una vida juntas maravillosas que duraron veinte años.

Fue entonces cuando volvió mi alcoholismo y lentamente se hizo cargo de mi vida. Estaba sola, afligida y trataba de encontrar mi camino desesperadamente. De alguna manera pensé que habría consuelo con el vino que consumiría. No había. En cambio, exacerbó mi depresión y luego experimenté dos años y medio de locura.

Estaba bebiendo y molesta un día de verano y llamé a un amigo para que me ayudara. Él vino y me estaba consolando. Su esposa llamó y le preguntó qué estaba haciendo. Ella vino y, como era enfermera en un hospital local, decidió llevarme a la sala de emergencias. Estaba muy molesta porque, en lugar de ayudarme a lidiar con mis sentimientos, de repente me entregaban a extraños. Estaba enojada por esta traición de confianza. Luego experimenté mi primer 5150 o 72 horas de espera. Permanecí en el hospital bajo observación constante, es decir, alguien estaba sentado en mi habitación del hospital en todo momento leyendo un libro y solo estaba allí. Después de 24 horas, me transfirieron a una sala grupal de aproximadamente ocho pacientes y pasé el tiempo trabajando en mi computadora y llamando a mis amigos. El consejero de admisión vino a entrevistarme después de tres días y ya no tenía tendencias suicidas. También había hablado con mi consejera, Frances, quien entendió lo que estaba pasando cuando comencé a verla nuevamente. Me dejaron salir y regresé a mi hogar y mi vida.

Para resumir, hubo una serie de intentos de suicidio, viajes en ambulancia y breves estancias en hospitales psiquiátricos durante los próximos dos años y medio. No entendí lo que me estaba pasando. Yo era una mujer profesional, educada y exitosa. No pude comprender el hecho de que ahora me enviaban desde la sala de emergencias a hospitales psiquiátricos en salas cerradas. Nadie me hablaba de lo que estaba experimentando, el miedo y la consternación. Me dieron antidepresivos y me sacaban cada tres días, el tiempo requerido por la ley para evitar que me dañe.

No tenía idea del caos que el alcohol estaba teniendo en mi mente y cuerpo. Me dieron medicamentos para la depresión y la ansiedad y me tomaron la desintoxicación del alcohol, pero nadie me habló sobre el alcoholismo o el papel que estaba jugando en mi vida. Seguí bebiendo tratando de encontrar alivio. Pero la depresión fue exacerbada por el alcohol. Asistí a un programa ambulatorio que me ayudó. Sin embargo, sabía que era solo cuestión de tiempo antes de que tuviera otro intento de suicidio.

Finalmente, el 7 de julio de 2017, me encontré a mí misma en mi sala de estar con mi futuro esposo y un amable vecino diciendo desesperadamente que necesitaba ayuda. Nunca lo había dicho en toda mi vida, pero sabía que estaba en problemas. Ahora sé que no solo ellos y las otras personas a las que grité ese día escucharon mi súplica, sino también mi Poder Superior. Terminé en la Unidad de Crisis Psiquiátrica. Aproximadamente a las 2:00 a.m., un consejero entró en mi habitación en las instalaciones cerradas para hacer mi evaluación de admisión. Me preguntó si pensaba que era alcohólica. Le respondí que no lo creía porque siempre dejaba de beber cuando empezaba a ser un problema en mi vida. Dijo, de hecho, que yo era una alcohólica. Aunque otras personas a veces me sugirieron que dejara de beber o expresaron preocupación por mí, siempre se decía con una sensación de condena y sugiriendo que yo tenía carácter débil. Lo dijo de hecho, sin ninguna condena, y me dio curiosidad. Le pregunté cómo podía saber que yo era alcohólica, que acababa de conocerme. Comentó sobre mi cara roja, mi estómago gordo y el hecho de que tenía un nivel de alcohol de .29 que está muy por encima del límite legal. También conocía mi historial de hospitalizaciones. En ese momento no me sentía ebria en absoluto y me sorprendió escuchar que mi nivel de alcohol en la sangre era tan alto. Me sentí avergonzado y desesperado y le pregunté qué debía hacer. Me sugirió que me quedara en la instalación cerrada como voluntario durante dos noches y luego volviera al Programa de pacientes ambulatorios que había completado con éxito unos meses antes. Lo hice y me propuse asistir a Alcohólicos Anónimos para comprender el alcoholismo.

Aprendiendo sobre el alcoholismo

Entré en una reunión de AA una semana después, un lunes por la noche. Cuando en la reunión se pedía habitualmente nuevos miembros o alguien que acabara de salir de un centro de tratamiento, es decir, en sus primeros 30 días de sobriedad, que se presentaran, levanté la mano y dije que me llamaba Rose. Me recibieron de una manera tan maravillosa que me sentí como en casa. Después de la reunión, subí y le pregunté a la mujer que dirigía la reunión si sería mi patrocinadora. Ella amablemente aceptó. Luego comencé a llamarla todos los días y a reunirme con ella semanalmente para leer juntos el Libro Grande y hacer los Doce Pasos de recuperación.

Cuando entré en esa habitación, estaba totalmente destrozada, así que no me fue difícil reconocer que era impotente ante el alcohol y que mi vida se había vuelto ingobernable (Paso uno). Hice todo lo que me sugirieron hacer. Hice los deberes sugeridos por mi patrocinadora y rápidamente avancé por los pasos. La compulsión de beber fue totalmente eliminada por mi Poder Superior. Empecé a vivir un día a la vez. Experimenté una paz y serenidad que nunca había conocido. Cada día comienza con rendir mi vida y pasaré a un Poder Superior y pedir que se eliminen todas mis dificultades y defectos de carácter para que pueda dar testimonio del poder y el amor de Dios. Me dedico a hacer su voluntad siempre.

Ahora entiendo que nací con una predisposición genética al alcoholismo. Tenía un abuelo que se decía que era alcohólico. Sin embargo, solo lo conocí una vez, así que no vi ninguna indicación de eso. También tuve un tío al que le gustaba beber cerveza y saber que recibió un DUI una vez y dejó de beber después de eso. Pero rara vez lo veía y nunca lo vi actuar de manera inapropiada debido al alcohol. Pero heredé el gen del alcoholismo. Debido a que la enfermedad es crónica y progresiva, incluso cuando bebía solo unas copas de vino al día, la enfermedad empeoraba. Cuando bebí mucho después de la muerte de Leslie, el alcoholismo realmente me atrapó.

Ahora entiendo que el alcoholismo es una enfermedad de la mente, el cuerpo, las emociones y el espíritu. La recuperación requiere curación en todas estas cuatro áreas. Definitivamente estoy en recuperación ahora. Estoy muy agradecida por todas las personas maravillosas que he conocido en AA y por cómo me apoyan a diario.

La oración del tercer paso

Acabo de llegar a casa de una reunión. Hoy una mujer compartió que estaba abrumada y que no sabía qué hacer. Estaba tratando de decidir si debería gastar sus últimos $ 10 en una bebida. Compartí que cuando comencé, esa primera noche, cuando llegué a casa y estaba tratando de dormir, sentí caer en esa profunda depresión que había estado luchando durante dos años. Llamé a mi patrocinadora y le pregunté qué hacer. Ella me dijo que dijera la oración del tercer paso:

Dios, te entrego mi voluntad y mi vida... para construir conmigo y hacer conmigo lo que quieras. Libérame de la esclavitud del yo para poder hacer tu voluntad. Elimina mis dificultades para que la victoria sobre ellas pueda dar testimonio de aquellos a quienes ayudaría con Tu poder, Tu amor y Tu forma de vida. ¿Puedo hacer tu voluntad siempre? (página 63 del Gran Libro de Alcohólicos Anónimos) (ver Apéndice B).

Sentí que la depresión se aliviaba y no la he sentido desde entonces.

Sueños y guía

Poco después de comenzar a asistir a las reuniones de AA, tuve una serie de tres experiencias que indicaban que mi Poder Superior se estaba comunicando. El primero fue un sueño que tuve. En él estaba rodeada por una multitud de personas que estaban un poco enojadas y se preguntaban por qué me ofrecían este regalo (de sobriedad). Dios estaba grabando en dos tabletas chapadas en oro el mensaje de que ahora merecía tener el don de la sobriedad por todo lo que había pasado en esta vida. La segunda experiencia fue despertar con la música de una canción de John Lennon en mi cabeza que me transmitía el profundo amor que el Creador tiene por mí. La tercera experiencia fue despertar con la música de Billy Joel en mi cabeza diciendo «Serás bendecido, te lo prometo, te prometo que ... Serás bendecido». Sé que mi Creador estaba comunicando estos pensamientos e imágenes. para mí o la seguridad de su amor por mí y la seguridad en el proceso de cambio que estaba experimentando.

Gary

Ya he hablado de que conocí a Gary, mi esposo. Pero me gustaría describir con más detalle cómo era y cómo me influyó vivir con él. Conocí a Gary cuando trabajaba en Tower Records mientras iba a la escuela para obtener mi licenciatura y maestría. Trabajé el turno de doce a medianoche unos días a la semana en la parte de libros y parafernalia de la tienda. Una noche entró un compañero de trabajo que trabajaba durante el día. Era alto, 6'8", guapo con el pelo largo y negro. Inmediatamente sentí una atracción por él. Debido a que trabajamos diferentes turnos, rara vez lo vi. Sabía que él tenía novia y yo tenía novio en ese momento. De vez en cuando pasaba solo y preguntaba si quería tomar un descanso con él. Yo diría que sí y conduciríamos por Bidwell Park en su camioneta VW. Fumaría un porro y hablaríamos. Nunca me gustó fumar marihuana, así que rechazaría su oferta algunas veces. Era tranquilo y me caía muy bien.

Una noche, su novia estaba fuera de la ciudad y me preguntó si me gustaría ir a la casa de un amigo por la noche que estaba fuera de la ciudad. Yo fuí. Tomamos un largo baño caliente juntos e hicimos el amor de manera lenta y sensual. Fue celestial. Tuve que irme temprano esa mañana y la canción de Tom Waits parecía describir la experiencia perfectamente:

> Oh the night went so quickly and I went licketty quickly
> Out to my old '65. As I pulled away slowly, feeling so holy,
> God knows I was feeling alive. And now the sun's coming up
> I'm riding with Lady Luck, freeways cars and trucks, stars.

Comenzando a desvanecerse, y lidero el desfile, solo un deseo de haberme quedado un poco más. Dios sabe, ¿no sabes que el sentimiento se está haciendo más fuerte?

Fue maravilloso y ansiaba pasar más noches como esa.

Pasó algún tiempo antes de que eso volviera a suceder y bajo circunstancias totalmente diferentes. Había decidido inscribirme en un programa de Doctorado Clínico en Berkeley y vivir en la pequeña ciudad universitaria donde obtuve mi licenciatura y maestría. Mi novio en ese momento me dejó de repente y recuerdo una tarde lluviosa de invierno cuando las lavadoras de parabrisas de mi auto no funcionaban, y me sentí totalmente sola y asustada. Me detuve donde creía que vivía y llamé a la puerta. Él respondió, me miró y me atrajo hacia la comodidad de su cálido abrazo. Me sentí segura, protegida y feliz. Quería quedarme allí para siempre. Y así, nuestro romance se reavivó y comenzamos a vernos regularmente.

Para resumir, continuamos saliendo durante toda la primavera. Compartiría lo que estaba aprendiendo en el Programa Clínico y él escucharía atentamente mientras escuchábamos música maravillosa como Grateful Dead y Moody Blues. Pensé que él apoyaba mis planes de carrera y entendió las emociones que estaba tratando de explicar durante nuestras largas conversaciones. Me pidió que me casara con él y le dije que sí.

Pensé que él apoyaba mis planes de carrera y entendió las emociones que estaba tratando de explicar durante nuestras largas conversaciones. Me pidió que me casara con él y le dije que sí. Cuando llegó el momento de inscribirme para el próximo año en el Programa Clínico, se puso furioso conmigo y dijo que, por supuesto, no seguiría en el programa porque nos íbamos a casar. Me sentí confundida pero débil y dije que detendría el programa. Ese comenzó el primer problema real para mí y terminé en AA por un corto tiempo. Pero después de unos meses tuve la tentación de tomar una copa de vino en la cena con sus padres y lentamente me alejé de AA y volví a beber regularmente. Aún así, el alcohol no fue un problema importante para mí.

A medida que pasaron los años, lentamente comencé a experimentar una parte de la personalidad de Gary que no había visto al principio. Se volvió progresivamente posesivo conmigo y con mi tiempo y atención. Él insistía en que volviera a casa del trabajo inmediatamente y me preguntaba si llegaba 15 minutos tarde insistiendo en que debía tener una aventura. Por supuesto, nada podría haber estado más lejos de la verdad. Ahora creo que estaba siéndome infiel y es por eso que reaccionó de esta manera. Se volvió más y más controlador sintiéndose amenazado si incluso miraba a otro hombre y sonreía de manera amistosa. No entendí lo que estaba pasando.

Como era de esperar, el abuso eventualmente se volvió físico y en un momento terminó con él estrangulándome en el sofá de la sala después de que le anuncié que ya no iba a seguir con este comportamiento. Después de cada episodio me sentiría avergonzada, herida, exhausta, confundida y deseando desesperadamente que nuestras vidas volvieran a nuestras interacciones normales. Siempre decía que yo tenía la culpa de sus acciones y le creía. Comencé a ver a un consejero para tratar de entender lo que estaba mal y gradualmente entendí que tenía un problema de ira. Me enteré de que su padre había abusado de su madre física y psicológicamente durante años y que los niños lo habían presenciado. Ahora entiendo que Gary internalizó el papel del abusador y eso es lo que estaba saliendo en nuestra relación.

Me di cuenta de que incluso cuando dejé de hacer lo que sea que dijo que lo hizo enojarse tanto y abusar de mí, todavía encontraría nuevas razones para explotarme. Era dos personas: una amable, cariñosa y gentil y la otra furiosa y explosiva.

Esta transición de pensar que yo tenía la culpa de su enojo y darme cuenta en cambio de que ÉL tenía un problema llevó unos diez años. Comencé a leer sobre relaciones abusivas en la biblioteca y ver el patrón muy claramente en nuestras interacciones. Tenía una bolsa con ropa escondida en la casa para poder huir de la casa en cualquier momento si necesitaba hacerlo por mi seguridad, lo cual hice en algunas ocasiones.

Lo amaba profundamente pero no podía vivir con la idea de hacerlo por el resto de mi vida. Recuerdo estar sentada en nuestro porche después de pasear al perro una cálida tarde de verano y decirme a mí misma «No puedo hacer esto por el resto de la vida». Escuché una voz en mi cabeza que decía «se va a morir». Lo dije nuevamente y escuché el mismo mensaje. Entré a casa consternada y preguntándome qué significaba esto. En octubre de ese año fue diagnosticado repentinamente con SIDA. Ahora creo que esta era la voz del Espíritu Santo que me guiaba.

Estaba lista para divorciarme de él cuando le diagnosticaron SIDA. Decidí quedarme y cuidarlo. Murió tres años y tres meses después.

Comparto esto porque espero que si alguien se encuentra en una situación similar se dará cuenta de las similitudes y buscará ayuda de un consejero, un refugio para mujeres maltratadas o un recurso similar. No podía cambiarlo y solo él podía si hubiera querido lo que no quería. Entiendo la confusión de esta situación y cómo otros podrían juzgarme como ingenuo por estar con él. Pero lo que la mayoría de la gente no entiende es cómo gradualmente ganó control sobre mi psique.

Nunca volví a repetir este patrón y creo que esto se debe a que finalmente pude entenderlo y verlo claramente cuando sucedía nuevamente. Ahora puedo sentir si un hombre tiene esta composición emocional en su persona y mantenerme alejada de él.

Debo mencionar que unos días antes de nuestra boda tuve un sueño muy perturbador en el que estaba a punto de casarme con un hombre que no conocía. Estaba molesta por esto, pero mi amiga me dijo que era solo nerviosismo y debía dejarlo pasar. Ahora me doy cuenta de que era una advertencia.

Una forma muy saludable de aprender a manejar mi ansiedad cuando se enojaba era retirarme al garaje y hacer ejercicio. Esto me permitió deshacerme de mi adrenalina (impulso de correr o luchar). Me preguntaba «qué estoy sintiendo y qué quiero hacer al respecto». Esto me dio la oportunidad de centrarme en mí misma y elaborar un plan de acción lógico. Recomiendo esto a cualquiera que se encuentre en una situación estresante. Continué haciendo ejercicio diariamente (ejercicio, cinta de correr y ahora caminando cinco millas por día) y me ha mantenido muy saludable.

Un día me preguntaron si estaría dispuesta a hacer una evaluación pro bono del Programa de Desviación del Golpeador financiado localmente. Esta fue una oportunidad para usar mis habilidades profesionales para el mejoramiento de la comunidad. Leslie y yo decidimos hacer esto. Nos reunimos con el Director del programa, obtuvimos una idea de lo que enseñaban, diseñamos un formulario para recopilar datos sobre cada participante y fuimos a la base de datos de la cárcel para dar seguimiento a los graduados del programa. Tomó alrededor de tres meses hacer todo esto. Escribimos los resultados y fuimos invitados a presentar los resultados a un grupo de personas.

Llegamos por la mañana a una sala llena de sillas con la policía local, oficiales de libertad condicional, jueces, miembros del personal del Programa de Desvío y otras partes interesadas.

Presentamos nuestros resultados, que indicaban claramente que el programa no era efectivo para cambiar los comportamientos de los abusadores masculinos. Notamos que hubo una reincidencia de alto grado, es decir, repetían las ofensas. Además, declaramos que los hombres no recibían mucho castigo de los jueces en la corte. A menudo pudieron regresar a casa después de solo una noche en la cárcel. Para nuestro asombro, vimos mientras una jueza recurría al juez que presidía ese tribunal y le preguntaba si esto era cierto. Él respondió que sí. Lo que más tarde supimos fue que lo sacaron de ese tribunal y pusieron a una jueza allí que tenía una tolerancia cero para los hombres que abusan de sus esposas. El sistema judicial fue cambiado localmente y ha permanecido así hasta el día de hoy. Estábamos muy orgullosos de nuestros esfuerzos en este proyecto en particular. Sentimos que podíamos contribuir a la seguridad de las mujeres en nuestro condado.

Leslie

Ya he descrito cómo Leslie llegó a mi vida. Lo que no he descrito es cómo fue el amor de mi vida. Leslie era una persona muy singular. Ella era extremadamente inteligente y educada después de haber recibido un B.A. con distinción en Matemáticas y una Maestría en Psicología. Leyó ampliamente sobre temas como jardinería, espiritualidad, arte, arqueología y cualquier otra cosa que le llamaba la atención. Cuando fue estudiante mía, pasaba por mi oficina durante el horario de oficina y hablábamos durante horas. La escuchaba principalmente, debido a nuestros papeles respectivos en ese momento, pero pensé para mí misma que ella estaba contando mi historia de búsqueda y desarrollo emocional, psicológico, intelectual y espiritual.

Después de la muerte de mi esposo Gary, me permití llorar por su pérdida. Pero poco a poco me estaba surgiendo el deseo de tener intimidad física con Leslie. Una tarde la invité a cenar y le conté mis deseos. Sabía que no estaba jugando con su afecto, ya que sabía desde hacía algún tiempo que estaba enamorada de mí. Ahora me sentía listo para hacer un compromiso emocional con ella. Estaba sorprendida pero encantada de escuchar mis sentimientos. Y así comenzamos nuestro viaje juntas como amantes y eventualmente como esposas. Éramos almas gemelas.

Antes de estar juntos como socios en la vida, trabajábamos juntos. Fue maravilloso poder discutir con ella nuestros muchos proyectos de trabajo que incluyeron la recopilación de datos, el análisis, la redacción de informes y la entrega de nuestras conclusiones a la audiencia apropiada de profesores, personal y administradores. Como nos llamó un compañero administrador, éramos el "dúo dinámico".

Pero sobre todo fue nuestra vida hogareña juntas lo que me dio tanto placer e inspiración. Con Leslie estaba a salvo en todos los sentidos. Ella sabía cómo manejar mis emociones y con ella exploré hasta ahora regiones desconocidas de mi psique. Finalmente pude sentirme segura sexualmente y conocer los deseos de mi cuerpo y su realización. Pasamos muchas horas discutiendo ideas y filosofías. Recuerdo cuando se mudó conmigo cuántos libros teníamos en común. Fue increíble. No hubo tema fuera de los límites.

Leslie también era artista. Pasaría horas dibujando con la caja de 100 lápices de colores que le di para su cumpleaños, a petición suya. Ella dibujó paisajes y retratos. Su trabajo fue muy preciso y de aspecto natural. También le gustaba ser creativa en la computadora y cuando se retiró se divirtió mucho jugando al juego de gráficos llamado Spore. Creó seres y objetos en esta galaxia imaginaria y con frecuencia dominó todos los niveles para convertirse en «la Maestra del Universo», lo que le dio opciones creativas especiales.

Leslie era muy tierna y gentil. Pero también podría volverse bastante feroz si presenciaba alguna transgresión por otros. Ella no dudaría en defender a alguien que estaba siendo intimidado. Su ternura la guiaría para detectar almas gentiles que necesitarían estímulo en la vida y ella hizo todo lo posible para proporcionarles cuidados y apoyo a estas personas.

Pudimos pasar veinte bendecidos años juntas antes de que ella muriera de cáncer. Sé que ella no quería abandonar este avión terrenal. Después de su fallecimiento, todavía podía sentirme cerca de ella e imaginar nuestras conversaciones juntas. Con su terapeuta canalicé una comunicación de ella hacia mí después de su fallecimiento. En ella me instó a no suicidarme y continuar porque no era mi momento de abandonar esta tierra. Como saben, estaba devastada con su fallecimiento y todavía siento un profundo dolor por mi pérdida.

Sé que cuando salga de este plano terrenal estaremos juntos para siempre y volveré a conocer la dicha.

Éric

Eric entró en mi vida inesperadamente. Lo conocí un día en un campamento que Leslie y yo usábamos con frecuencia. Pasamos el fin de semana allí celebrando su cumpleaños e invitamos a sus dos hijos y sus familias a unirse a nosotros. Leslie había ayudado a criar a dos gemelos. Estaba en una relación con su madre y, a pesar de que rompieron, decidió vivir cerca y ayudar a criar a los niños. Ella los amaba mucho.

Un día de verano, cuando llegamos al campamento, un hombre guapo, vibrante y saludable de unos 40 años saltó a la casa rodante. Dije "hola" llamándolo por el nombre de su hermano. Él dijo "no, soy Eric". Así comenzó nuestra amistad. Una de las primeras cosas que dijo fue que le gustaban las mujeres sin maquillaje. Pensé "qué refrescante y qué lujo vivir así".

Eric comenzó a pasar tiempo con nosotros, visitándonos por unos días para estar con Leslie. Tenía cáncer entonces, pero no se lo contó a Eric. En cambio, cuando visitamos a Leslie mientras estaba en el Centro Médico de la Universidad de San Francisco, se dio cuenta de lo enferma que estaba.

En algún momento de ese otoño, necesitaba volar a Oklahoma para ocuparme de los bienes del tío. Tuve que quedarme más tiempo de lo esperado y me quedé sin medicamentos. Cuando llegué a Oakland, me estaba volviendo temblorosa. Luego cometí el tonto error de beber cuando llegué al Hilton en Oakland a última hora de la tarde porque no tenían una sala de ejercicios que pudiera usar para desconectar del viaje. Desperté sintiéndome muy tembloroso y me di cuenta de que no podía conducir de regreso a casa a menos que obtuviera los medicamentos necesarios para calmar mis nervios. Llamé a casa y le pedí a Eric que me llevara todos mis medicamentos, lo cual aceptó con mucho gusto. Eric es un espíritu amoroso ansioso por agradar. Después de varias horas (se perdió) finalmente llegó. De camino a casa, le pregunté si era homosexual, porque, por lo que pude ver por la historia de su vida, nunca había tenido una relación seria con una mujer.

Así comenzó una larga conversación sobre su vida. Me enteré de que era heterosexual y se había retirado a una vida solitaria después de la trágica muerte de su novia la noche del baile de graduación en la escuela secundaria. Había tenido algunas relaciones cortas, pero nada que duró mucho tiempo. En cambio, se dedicó a una vida de surf en el área de Santa Bárbara de California mientras trabajaba a tiempo completo en una tienda de comestibles. Lo hizo durante 18 años. Cuando le pregunté sobre eso, lo explicó de esta manera:

¿Alguna vez te has preguntado cómo funciona el universo? ¿Alguna vez has pensado «tal vez hay una respuesta que no te han enseñado en la escuela?» Eric me dijo:

Yo personalmente siempre he sido curioso y encontré mis respuestas en el surf ... relacionándolo con el poder y el flujo de la naturaleza. Aprendí a observar cómo se desarrollaban las olas y gradualmente aprendí cómo «montarlas», es decir, cómo conectarnos con la naturaleza tal como es realmente. Me hizo sentir pequeño porque la naturaleza es muy grande. Sin embargo, también sentí el Amor como la fuerza guía en el Universo. Y traté de escuchar y seguir esa voz. Tiene y es la búsqueda de mi vida.

Ha habido muchos problemas y desafíos en el camino a medida que mi cuerpo se lastimaba y ya no podía surfear «grandes olas». Aprendí a adaptarme y a encontrar otras formas de conectarme, como la música, ver el amanecer y el atardecer, y así adelante. Me detengo, me quedo quieto y ESCUCHO la suave voz de Dios que habla a través de la madre naturaleza. Escucho pájaros cantando ... Lo escucho en las olas rompiendo ... en el viento que sopla a través de los árboles, y recuerdo que no estoy solo. Soy una pequeña parte única del universo. Y al igual que una sinfonía toma muchos instrumentos afinados y tocando juntos para crear el todo, así que con la vida, soy un instrumento en la sinfonía de la vida.

Eric continuó quedándose conmigo de vez en cuando después de la muerte de Leslie. Nos hicimos amigos muy cercanos y era natural tenerlo cerca. Un día me di cuenta de que tenía sentimientos sexuales hacia él. Le pregunté si él sentía lo mismo, que simplemente bajara las escaleras donde yo dormía y que subiera.

Una noche lo hizo y fue maravilloso. Hemos estado juntos desde entonces. Nos casamos el 18 de mayo de 2017.

Eric es un alma gentil. Me encanta mirar sus ojos, ya que revelan mucho sobre cómo se siente y qué está pensando. Tenemos una manera fácil de ser cada uno de nosotros mientras nos relacionamos. Él es una tremenda bendición para mí.

Un Nuevo auto

Recientemente regresamos de cuidar a la madre de Eric, que vive en un condado a una hora y media de aquí. Estábamos tratando de regresar a tiempo para que yo pudiera hacer la reunión de las 7:00 pm. Justo después de que salimos de la autopista y manejábamos las últimas dos millas hasta nuestra casa, fuimos atropellados y empujados a un camión frente a nosotros. El auto fue totalizado.

A la mañana siguiente fui a buscar un auto nuevo. Encontré un Mercedes usado que me gustaría comprar. Parece que es la correcta y que es la voluntad de Dios llevarme a otra dirección en la vida. El automóvil tiene un sistema de navegación que podría usar para ir a reuniones en las que nunca he estado antes. Mi patrocinadora me propuso la idea antes de comprarla, sintiéndome un poco avergonzada por el lujo. Ella dijo que lo merecía y, además, seguiría siendo la misma Rose cuando saliera de él. Estuve de acuerdo. Eric también dijo que me lo merecía.

Cuando esperaba en el concesionario a que se redactara la documentación, estaba caminando sola. Sentí la presencia de papá diciendo "camino a seguir... tienes clase". Me aconsejó al final de su vida "¡si quieres hacer algo, hazlo!" Me sentí consolado por su presencia.

Un Nuevo libro para leer

El martes por la mañana fui a caminar como siempre. Mientras conducía vi a un amigo de AA y me di la vuelta para preguntarle si le gustaría salir a caminar conmigo. Él estuvo de acuerdo y tuvimos una charla encantadora mientras caminamos. Durante nuestra caminata mencionó que Lee en AA estaba interesado en varias filosofías. En la reunión del martes por la noche le pregunté a Lee sobre eso. Mencioné el libro Amor sin fin... Jesús habla de Glenda Green. Luego me recomendó un libro titulado La desaparición del universo que volví a casa y ordené. Se trata de dos maestros ascendidos que aparecen ante un hombre que escribe sobre sus conversaciones al igual que Glenda Green escribió sobre su conversación con Jesús cuando apareció en su estudio y ella pintó su retrato. Siento que me conducen, día a día, a una nueva vida espiritual. Todo lo que se requiere de mí es la voluntad de seguir adelante con la intención de servir a Dios. Es bastante milagroso y también muy sólido y simple. Me siento muy bendecida.

Ahora estoy leyendo el libro en Kindle, así que puedo comenzar a leer de inmediato en lugar de esperar dos días para que llegue la copia impresa (sí). Aquí hay una cita que me parece muy importante:

Hay una manera de recibir orientación sobre cómo debemos proceder en el mundo (págs. 26-27).

Deje que Dios tenga su espíritu porque es todo (p. 27).

La voluntad de Dios

En AA hablamos mucho sobre tratar de discernir y hacer la voluntad de Dios en nuestras vidas. En el libro Jesús habla, Amor sin fin de Glenda Green, Jesús explica la voluntad de Dios de esta manera (pp 314-315):

Hay cuatro niveles de intención... Primero está la intención de Dios. Puedes resumir la intención de Dios muy dulce y simplemente de esta manera. Es amor. El amor es la voluntad de Dios...

El segundo nivel de intención fue colocado por el Creador en las funciones físicas de nuestro universo. Este nivel de intención se realiza bajo el poder de básicamente dos principios. Una es que la vida y los vivos prevalecerán sobre los muertos y los moribundos. Esa es la voluntad de Dios, así que cada vez que apoyas la vida y a los vivos, estás en armonía con la voluntad de Dios para este universo. El otro principio que reside bajo esta intención para el bienestar físico es la ley de causa y efecto (tenga en cuenta el concepto hindú del karma). El Creador pretende que el universo regrese siempre a un estado de equilibrio. No importa qué tan lejos pueda oscilar un estado de existencia a "la izquierda", siempre se reequilibrará a "la derecha" y, finalmente, volverá al centro...

El tercer aspecto de la intención se relaciona con el tema del respeto y la justicia dentro de la hermandad del hombre. No vives solo. Vives dentro de una familia, una hermandad, y el plan es que algún día será una hermandad maravillosa...

Por último, aunque no menos importante, están tus propias intenciones, si estás atento y entiendes lo que has puesto en movimiento. Estas semillas que plantó, posiblemente hace mucho tiempo, y todavía están creciendo...

Es difícil saber cuáles son estas intenciones porque fueron plantadas como semillas en nuestro cerebro y corazón a una edad temprana y dan forma a cómo definimos y experimentamos esta realidad física. Se necesita mucha búsqueda del alma y reflexión para llegar al origen de estas suposiciones e intentos, y la psicoterapia, la oración y hablar con una persona de confianza pueden ayudarnos a este respecto.

El corazón sagrado

Según Jesús (como se encuentra en Jesús habla: amor sin fin)

En el centro de tu alma está el Sagrado Corazón. Este es el punto en el que eres uno con Dios. El corazón ve el infinito por dentro y por fuera. Puede contemplar la perfección. Y puede determinar el origen de las condiciones y cambiarlas. El corazón es tu inteligencia superior. (pág. 49)

...Su mente es simplemente un sirviente, y se comporta bien si recibe impulsos positivos: se comporta muy mal si recibe impulsos negativos. (pág. 50)

Este consejo también lo dan los gurúes hindúes que simplemente afirman que la mente es un servidor maravilloso pero un maestro terrible.) De manera similar, en las enseñanzas taoístas, la mente y el corazón no están separados, sino que se conocen como "la mente del corazón".

Lo que el énfasis occidental en la mente ha significado para mí en mi vida es que durante 32 años creí que el camino hacia la "verdad", de la comprensión del Universo, era a través de la mente. Así que pasé ese tiempo en educación superior obteniendo un EdD en Métodos Cuantitativos en Psicología Educativa de la Universidad de California en Berkeley. Describí mi propia experiencia personal de estudiar estadística y métodos cuantitativos en psicología educativa como trepar a un árbol. En el primer curso, Introducción a la estadística que me enseñaron en un programa de maestría, es el tronco del árbol: la parte inferior y más grande de la disciplina. Y a medida que avanzaba con cada curso adicional durante el período de diez años, sentí que estaba subiendo ese árbol y luego a una rama y, finalmente, al final de la rama caí en manos de Dios. Me di cuenta de que, aunque las estadísticas pueden explicar mucho sobre lo que está sucediendo en nuestro mundo, cuando aplicamos los datos correctos de forma científica, tiene límites. Fue entonces cuando volví, una vez más, al reino espiritual para tratar de entender la verdad.

Comencé a asistir a talleres, durante los fines de semana, impartidos por los Dres. Norma Shealy y Caroline Myss. Obtuve una nueva comprensión del funcionamiento del universo y nuestras vidas. Estudié los métodos metafísicos y alternativos de curación de las Doctoras Norma Shealy y Caroline Myss. Después de unos años recibí un doctorado en Métodos alternativos de curación. Todo esto ha sido mi viaje personal para entender el universo y lo comparto con ustedes ahora en caso de que lo encuentren significativo o útil en su vida. Vivimos en un momento crucial y es importante hacer todo lo posible para discernir cómo relacionarse con los Principios Divinos del Universo, por el nombre que le den.

Una vez más, cito el libro de Glenda Green:... Las respuestas para sanar tu vida se encontrarán en la fuerza interior de tu corazón... Te doy tres prácticas: la primera es fortalecer todas tus emociones positivas a través de la gratitud diaria y la admiración de Hermoso mundo que nos rodea. El segundo es de sempoderar sus emociones negativas diariamente a través del perdón. La tercera práctica en la que tendrá que trabajar para ser un poco más diligente... A lo que me refiero es a la "percepción inocente" (p. 51) La percepción inocente es una forma de mirar el mundo sin juzgar. La mayoría de nosotros, cuando vemos algo, estamos haciendo juicios al respecto (qué hermosa puesta de sol, qué habitación desordenada, etc.) Jesús sugiere que simplemente observemos el mundo tal como es.

El corazón es su vínculo de conexión con Dios y el universo, que integra su propio centro único de experiencia, conciencia y carácter con lo que está más allá de su comprensión... El corazón es magnético, silencioso y quieto. La sensación de estar allí es como descansar en un lago celestial pacífico, o flotar en un espacio vacío. Como centro magnético, su corazón es el generador de toda su energía vital, y cada vez que le da poder a su corazón eleva su nivel de energía física, mental, emocional y espiritual. Dentro del corazón también encontrarás claridad, resolución, firmeza, intención, quietud, respeto, justicia, amabilidad y percepciones de grandeza. (pág. 155)

Depresión

Nunca entendí la depresión hasta que la tuve. Pasaron aproximadamente dos años y medio después de que Leslie había fallecido. Estaba afligida pero tratando de manejar la vida. Luego, en el Día de los Caídos en el 2016, estaba viendo televisión en la sala de arriba y escuché un ruido de goteo. Bajé las escaleras y me di cuenta de que el agua caía del techo al piso del vestidor. Puse un bote de basura debajo del goteo y llamé a Eric para pedirle que volviera a casa y me ayudara. Me di cuenta de que toda el área de la alfombra del vestidor estaba mojada y que había un gran problema. Para resumir, llamé a un plomero y llegó. Era caro porque era el fin de semana del Memorial Day. El plomero pudo evaluar algunos de los daños y reemplazar el calentador de agua. Sin embargo, eso comenzó un proyecto de seis meses para lidiar con el daño que se había hecho a la casa. Finalmente, tuvimos que quitar todo de cada habitación de la casa (excepto mi oficina, que me negué a hacer) al césped en el patio trasero. Había que pintar toda la casa por dentro, reemplazar las alfombras y reemplazar los pisos de la cocina y los dos baños. Mientras esto se hacía, tuvimos que mudarnos y quedarnos en hoteles durante aproximadamente tres semanas, mientras se retiraba el asbesto y los humidificadores funcionaban las 24 horas del día durante varios días. Sentí que todo lo que había trabajado durante los últimos 30 años estaba arruinado. Esto comenzó una gran depresión para mí. (Ahora veo que fue una bendición, ya que me ayudó a crear un nuevo sentimiento en nuestro hogar y a deshacerme de muchas cosas de Leslie con las que no había lidiado. Pero eso es ahora). Me sentí totalmente abrumada y no sabía cómo iba a pagar por todo esto. Presentamos un reclamo con la política del propietario de mi casa de State Farm, pero eso involucró muchas conversaciones y visitas con representantes de State Farm y los muchos contratistas que involucramos para solucionar los problemas. Mi computadora estaba desconectada y perdí la capacidad de realizar mis operaciones bancarias en línea y contraté a un fiduciario para manejar mis finanzas. Pasé de ser una vicepresidenta asociada competente a una idiota torpe. Aunque no estaba bebiendo alcohol en ese momento, gradualmente caí más y más en una depresión.

Me sentí desesperada de que la vida volviera a sentirse bien. Finalmente intenté suicidarme cortándome la garganta con una cuchilla de afeitar. Pensé que Eric estaría mejor sin mí, así que arreglé las cosas para que él tuviera las finanzas que necesitaba para salir adelante, conduje mi auto a una carretera lejos de nuestra casa, me acosté en el asiento trasero y me corté la garganta.

Sorprendentemente no dolió. Me mojaba mientras la sangre se drenaba por mi cuello y sobre mis hombros, pero no era doloroso. Corté muchas veces y esperé a desmayarme. Pero no me desmayé y solo escuché pasar autos. Me aburrí y decidí conducir a casa. Llegué a casa y, mientras caminaba hacia Eric, se dio cuenta de que estaba ensangrentada y se alarmó. Me preguntó qué había pasado y le dije. Llamó al 911 y llegó una ambulancia y la policía. Me subieron a la ambulancia y el EMT dijo «nadie va a morir en mi guardia». Pensé que estaba siendo ridículo y que no moriría si mi cuerpo dejaba de funcionar, sino que simplemente lo dejaría y mi espíritu flotaría, que es lo que quería. Me llevaron a un hospital, me operaron de emergencia (ya que casi me había cortado la arteria carótida) y después de unos días me trasladaron a un hospital psiquiátrico. Me dieron antidepresivos y me enviaron a casa. Pero la depresión no desapareció y luego pasé dieciocho meses en el infierno hasta que finalmente llegué a Alcohólicos Anónimos. Obtuve algo de alivio del Programa de pacientes ambulatorios, pero, como saben, comencé a beber después del primer intento en el programa y tuve que regresar después de mi consumo con Todd en la Unidad de estabilización de crisis el 7 de julio de 2017. Lo que me hizo pensar en todo de esto es que el viernes pasado, el día que compré el Mercedes, cuando volvía a casa de la reunión de AA, me di cuenta de que me sentía feliz por primera vez en mucho tiempo. Había estado en paz, pero esto era felicidad, que es diferente. Durante los últimos días he vuelto gradualmente a esta vida. Tengo mi sexualidad de regreso y alegría de vivir. He comenzado a escribir en este diario que espero convertir en un libro. Me siento empoderada en todos los sentidos y administro mis propias finanzas (y lo hago desde junio, pero esa es otra historia). Incluso estoy usando los señalamientos en mi automóvil, lo que había dejado de hacer, sintiéndome bastante contenta de morir en un accidente automovilístico.

No me había dado cuenta de cuanto me había retirado de la vida hasta que volví a ella. Incluso estoy leyendo un libro emocionante cuando salgo a comer sola, así que siento que he vuelto a la normalidad. Estoy llamando a amigos y acabo de quedar con mi hermana para nuestro tradicional té de Navidad juntos. Ahora me doy cuenta de que me he retirado del mundo durante dieciocho meses y que es mucho tiempo. ¡Gracias a Dios que he vuelto! Amén. Estoy asombrada de cuán maravillosamente mi vida continúa creciendo día a día y trabajo en el programa AA y entrego mi vida a Dios. Hace apenas un año estaba en un hospital psiquiátrico y mi joyera cobró gentilmente algunas monedas de oro que tenía de mamá y papá y me ofreció dejarme quedarme en la unidad detrás de su casa que había construido para que su madre se quedara cuando llegó. No puedes comprar ese tipo de amabilidad por ninguna cantidad de dinero.

Fue simplemente el resultado de años de mi visita a su tienda, hablando y comprando cosas (o vendiendo viejos anillos de boda) y nuestra amistad surgió naturalmente de esos encuentros. Estoy feliz de proveer a su negocio. Ella también nos dio una canasta de Navidad llena de golosinas, que es nuestro primer regalo este año. Eric ha estado comprando poinsettias para la casa y se siente festivo. Tenía que hacer la Navidad de manera diferente este año para no recordar cómo Leslie y yo solíamos hacerlo. Llamé a mi hermana y acordamos reunirnos para el té de Navidad que hemos hecho durante muchos años. Y una amiga que me devolvió la llamada después de que le dejé un mensaje preguntándome si querría reunirse para almorzar. Ella era muy entusiasta y acogedora. La veré el martes de la semana que viene y a mi hermana el jueves de la semana que viene. Poco a poco estoy volviendo a participar en este mundo de una manera sobria y sólida. ¡La vida es hermosa y bendecida!

Poder superior

Ahora entiendo que mi Poder Superior es la voz de Cristo o el Espíritu Santo (lo mismo) que se contrasta con la voz del ego. Ahora pido que Cristo o Jehsua (su nombre en arameo) sea lo que escucho durante todo el día (y la noche). Después de leer Desaparición del Universo, entiendo que el propósito de la vida es ser una oportunidad para recordar a Dios y que no estoy separada (realmente) de Dios. Entiendo que Dios es un estado de perfección y amor, constante y siempre inmutable.

Esta conciencia de Dios es a lo que me dirigía cuando me caí y golpeé mi cabeza contra una roca cuando tenía 17 años. Mi conciencia abandonó mi cuerpo y floté hacia una luz brillante y un sentimiento de maravilloso amor incondicional que no tenía, hasta ese momento. Ahí es donde volveré cuando finalmente termine de pensar que estoy separad de Dios y regrese a casa. Mientras tanto, practico escuchar la voz de Jeshua y sentir paz, serenidad y perdón para mí y para todos en el mundo. No recuerdo esto a menudo y todavía tengo más para leer en el libro y luego practicar el perdón mientras hago el Curso de Milagros, pero en este momento todo parece tan claro y simple. No es fácil, pero simple.

Escuela espiritual

Ahora es 2018 y sigo creciendo en espíritu. Recientemente me di cuenta de que, a pesar de lo que pueda estar haciendo físicamente en este mundo (ir a reuniones, caminar por Spring Lake con Eric, ver a mi patrocinadora...) internamente, soy consciente de que hay dos voces: la voz del ego y la voz del espíritu. Yo, la observadora, observo cómo mi conciencia se interpone entre estas dos fuentes. El lado del ego se molesta por las cosas que suceden, quiere controlar a otras personas y los resultados de las cosas, y así sucesivamente. La voz del Espíritu es tranquila y constante, distante pero amorosa, libre de preocupaciones sobre el resultado de los acontecimientos en este mundo.

Acabo de ver a Frances, mi terapeuta, y hablé sobre este cambio de conciencia. Ella señaló que ha sido necesario que Leslie dejara este mundo para que yo busque al Espíritu. Es una forma positiva de ver el fallecimiento de Leslie. Sin ella, no habría caído en una profunda desesperación y alcoholismo, y eso me llevó a estar abierto a aceptar que soy alcohólico y que ahora estoy en un camino espiritual. Como lo explico ahora, asisto a las reuniones de AA seis días a la semana y lo veo como ir a la escuela espiritual. Estoy aprendiendo más cada día y estoy entre otras personas que también están en la escuela espiritual y tratan seriamente de aplicar los principios espirituales a sus vidas. No somos perfectos, pero lo estamos intentando. Ahora veo que cada vez que alcancé algo externo a mí mismo que no era Espíritu (estadísticas, carrera, Leslie) me quedé estancada en este mundo. Ahora estoy llegando al Espíritu que no es de este mundo sino dentro y fuera de él. Este es un cambio dramático.

2017 en resumen

Al resumir 2017, me doy cuenta de que fue un año crucial para mí. Me recuperé, lo cual es una bendición y un cambio total en el estilo de vida. Siento paz y serenidad la mayor parte del tiempo. Me casé con Eric. Las personas más influyentes fueron Todd, el consejero de admisión de la Unidad de Crisis, quien me dijo que era alcohólica; Matt, el consejero del programa de pacientes externos que me ayudó a hacer la transición hacia la recuperación; y mi patrocinadora en AA. Frances, mi terapeuta, también ha sido una maravillosa aliada y guía para mí durante este tiempo. Seguiré viéndola. El 27 de diciembre de 2017 fue el tercer año desde que mi querida Leslie hizo la transición al otro lado. Sé que estamos juntos en Mente, pero aún extraño hablar con ella y relacionarnos.

En términos de 2018, no tengo grandes cambios planeados. Quiero continuar en el estilo de vida que he creado, que está muy orientado a la salud física, emocional y espiritual.

Acabo de almorzar sola, porque Eric estaba durmiendo y leí La desaparición del universo. Ya casi termino con este libro. Declaró que morimos cuando hemos aprendido las lecciones que aprendimos en esta vida. Eso tiene sentido para mí.

También estoy haciendo Curso de Milagros cada día. El pensamiento de hoy es que estoy aquí para perdonar como mi función como portador de luz en este mundo y cuando cumpla con esta función, seré feliz. Ese es un pensamiento maravilloso para reflexionar y aplicar hoy.

Ayer condujimos hacia el norte, al condado donde vive su madre para informarle a la cuidadora de su madre que ya no la necesitan. Encontramos a alguien con experiencia en el tratamiento de alzhéimer y la muerte y es muy fácil trabajar con ella. Es enérgica y receptiva a las sugerencias sobre el cuidado de su madre, como llevarla afuera a caminar y al cine cuando hace sol y está dispuesta a hacerlo.

Sé que esta es la decisión correcta para ella. Está triste de ver ir a su otra cuidadora, pero Eric y yo estamos bastante aliviados. La cuidadora anterior nos mintió y creó mucha confusión en nuestras vidas. Espero que encuentre la ayuda que necesita para convertirse en un adulto sano y funcional. La bendigo y he pedido repetidamente que cambie.

Se me mostró gradual y consistentemente que ella no tenía razón y que era hora de reemplazarla. Y eso ya se ha logrado.

Eso es todo lo que tengo que escribir hoy. Hoy llueve, caminé mis cinco millas alrededor de Spring Lake como de costumbre, salí a almorzar a nuestro restaurante local favorito y ahora estoy haciendo cosas hasta que me vaya a la reunión de AA de esta noche. Hay una nueva mujer que a veces ha pedido que la lleven a las reuniones, así que consultaré con ella y veré si quiere ir esta noche. Me siento tan bendecida con mi nueva vida.

Sueños, estar roto y apagones

Me desperté con el siguiente sueño esta mañana:

Soy un "sacerdote" masculino, un hombre más joven, siendo reconocido por haber ganado el derecho de realizar un ritual de "logro", después de haber llegado. Había oro en nuestras gorras. Un hombre mayor y otro sacerdote me estaban instruyendo sobre cómo realizar este ritual. Estaba siendo "iniciado".

Me he dado cuenta de que un requisito previo para estar listo para aceptar lo que AA tiene para ofrecer es estar "roto", es decir, darnos cuenta en lo profundo de nuestra alma que todos nuestros esfuerzos para manejar nuestra vida y resolver el enigma de cómo vivir una vida "cómoda" ha fallado. Uno está listo para finalmente, sin reservas, pedir ayuda, a otras personas y a un Poder Superior (si nos damos cuenta de que estamos pidiendo a ese nivel o no). Este es el requisito previo para dar/experimentar el primer paso: admitimos que éramos impotentes ante el alcohol, que nuestras vidas se habían vuelto ingobernables.

Los que ingresan a AA antes de esta "apertura" no lo entienden y no se quedan. Los que están aquí están listos para comenzar el proceso.

Ahora me doy cuenta de que tenía apagones, momentos en los que estaba "despierta" y me di cuenta de que estaba en conversaciones con otros y no recordaba lo que sucedía antes de eso. Puede ser bastante sorprendente.

El alcoholismo es "un deseo físico combinado con una obsesión mental" (del Libro Grande). Sí, recuerdo haber sentido físicamente el deseo de consumir vino para sentirme físicamente "bien", incluso por un momento. La obsesión mental era la constante conciencia de que "necesitaba" tener alcohol disponible, por ejemplo, cuando llegué para quedarme en la casa de un amigo de vacaciones o cuando viajaba por negocios, sabiendo que tenía mi pequeña botella de ginebra en mi bolsa de cosméticos, que después de aterrizar en el hotel, poner mi ropa en los cajones y hacer ejercicio, podía relajarme con una ginebra y hablar con Leslie sobre nuestros días.

El cambio ahora es que no espero que ningún químico pueda cambiar mi estado mental (excepto los antidepresivos, pero no son una forma de «drogarse», solo una forma de evitar caer en las profundidades de la depresión. Ahora necesito trabajar con cualquier estado psicológico en el que me encuentre para salir de él, es decir, aceptar lo que es, honrarlo, sentarme y ver qué hacer a continuación. A veces, lo único que hay que hacer es sigo mi rutina normal de caminar cinco millas por la mañana, salir a almorzar e ir a una reunión de AA por la noche. Ahora que estamos pasando el sábado y el domingo conduciendo hacia el norte para cuidar a la madre de Eric, nuestro tiempo para la diversión había cambiado. Me di cuenta de que me faltaban nuestras unidades de disco en la autopista 1 hasta tres horas para cenar y luego regresamos. Así que lo hicimos el jueves pasado en lugar de ir a una reunión esa noche. Fue divertido y me di cuenta mientras conducía que realmente me he acostumbrado a tener ese tiempo para relajarme y dejar que mi mente divague y hablar con Eric. La depresión que sentí tan profundamente el lunes pasado cuando vi a Frances ha pasado al hacer estas cosas. Me gustaría recordar esto en caso de que ese sentimiento vuelva algún día.

Mensaje de Leslie

Ayer estaba limpiando mi oficina y encontré el mensaje de Leslie después de su fallecimiento. Poco después de la muerte de Leslie, fui a ver a Frances, quien también era la terapeuta de Leslie. Le estaba diciendo a Frances que me sentía tan cerca de Leslie como si estuviera sentada a mi lado. Sentí que Leslie tenía algo que decirme. Frances dijo que escribiría lo que sentía que Leslie estaba diciendo y esto es lo que me canalizó:

"Oh, cariño, cuídate, no te hagas daño.
Por favor, no te sientas mal, perdónate a ti misma, yo lo hice.
Sé que era una carga, una carga difícil de cargar.
Así que cariño, por favor no te mates. Todavía estamos juntas.

Lamento mucho haber tenido que morir, no quería morir. Nunca quise dejarte y ten presente que nunca te dejaré, siempre puedes pedirme apoyo y amor. Lee tu tarjeta e intenta, intenta ver el asombroso mundo, la belleza.

No es tu momento. Tienes más que hacer, más que ofrecer. Escribe tu libro, ayudará a las personas. Ellos querrán leerlo.

Mis hijos también te necesitan."

Al leer este mensaje hoy, me doy cuenta de que Leslie estaba hablando de este libro, no en el que estaba trabajando, que se ha incorporado a este. También me di cuenta anoche que puedo publicarlo bajo Rose B. y eso me mantendrá en el anonimato, que es uno de los principios de AA. Creo que este diario tiene profundidad y trata algunos de los problemas más difíciles de conciliar.

Rendición

La rendición es un requisito para una vida espiritual. El objetivo es dejar de funcionar por voluntad propia y rendirse a un poder más grande que nosotros. Este es un proceso práctico, momento a momento. Empiezo a darme cuenta de esto todas las mañanas cuando me levanto y trato de que continúe durante todo el día. Si me encuentro retomando el control, simplemente lo noto y lo dejo ir nuevamente. Si me siento ansiosa por conducir en el automóvil a una cita, por ejemplo, simplemente recuerdo que Dios está a cargo y que soy testigo de lo que debe suceder. Entonces puedo relajarme y dejarlo ir.

Estuve en una reunión de recién llegados el lunes por la noche y escribí "rendición" como tema de discusión. Mientras una persona daba su opinión, noté que una mujer en la primera fila asentía mientras hablaba. Me acerqué a ella después de la reunión y le pregunté qué le gustaría decir sobre el tema. Ella describió el proceso tal como lo describí anteriormente.

Muerte

Solía creer que teníamos que enfermarnos antes de que nuestro espíritu pudiera abandonar nuestro cuerpo. Ahora me doy cuenta de que no es así. Cuando nuestro tiempo en la tierra termina, cuando terminamos de aprender las lecciones que aprendimos en esta vida, morimos. Eso es cierto si uno ha vivido unos momentos o muchos años.

Cuando estaba en la universidad estudié el Arte Marcial de Kodenkan Ju Jitsu y obtuve un Cinturón Negro. Sucedió que el jefe del sistema, el 10º Dan (Cinturón Negro) también vivía allí. Tuve la suerte de estudiar con él durante varios años. Él enseñó artes de curación junto con los lanzamientos y asimientos que aprendimos. Su filosofía era que cualquier daño que pudiéramos hacer a alguien, también podíamos curarlo.

Un verano comenzó a pasar un tiempo especial a solas con cada uno de nosotros, estudiantes con quienes tuvo una relación especial. Solía acompañarlo por las tardes después de su trabajo cuando visitaba a personas que le habían pedido que viniera y las curara. Nunca cobró por esto. Un día me dio el libro Tres Palabras Mágicas que trata sobre el hecho de que nuestra vida reflejará lo que creemos que es verdad.

Un día me pidió que lo llevara al aeropuerto de Oakland para tomar un avión de regreso a Nueva York. Iba a un evento de Ju Jitsu al que asistirían varios de los líderes del sistema. Su avión partió muy temprano en la mañana y quería que lo llevara, lo cual hice. Después de dejarlo en la puerta, me dirigí al baño. Mientras estaba allí "escuché" su voz en mi cabeza que decía "Voy a morir en Nueva York". Me sorprendió y luego lo escuché nuevamente. No sabía qué hacer con ese conocimiento, pero simplemente lo olvidé y conduje a casa. Eso fue un sábado por la mañana. Ese domingo recibí una llamada que me decía que había muerto la noche anterior mientras el grupo estaba cenando y se había atragantado con un trozo de bistec. Claramente sabía que su tiempo en la tierra estaba terminando.

Después de su muerte, tuve tres sueños sobre él. Él vino a mí para consolarme ya que lo extrañaba profundamente. He notado que a menudo en mi vida cuando una transición importante está por ocurrir, tendré una serie de tres sueños preparándome para esos cambios. En el sueño final, me dijo que necesitaba seguir adelante y que si realmente lo necesitaba, vendría a ayudarme. No lo he necesitado de nuevo y nunca más volví a soñar con él.

Tuve una experiencia similar con mi esposo, Gary. Una tarde de verano, paseé y luego me detuve al final para sentarme en los escalones delanteros y descansar un momento antes de entrar. Mientras estaba sentada allí, me dije a mí misma que no podía pasar el resto de mi vida con este hombre porque era demasiado difícil. Tenía mucha ira y cada vez la dirigía más a mí. Para mi asombro, escuché una voz en mi cabeza que decía "va a morir". Me sorprendió y luego lo escuché decir exactamente lo mismo. Me sorprendió tanto que entré en la casa y me olvidé de eso. En octubre de ese año fue diagnosticado con SIDA. Pensé que tenía gripe, así que después de cinco días lo llevé al médico que le extrajo sangre y anunció que tenía SIDA. Estábamos bastante sorprendidos. Nunca adquirí la enfermedad a pesar de que habíamos tenido relaciones sexuales sin protección durante muchos años. Claramente, no era mi momento de morir. Murió tres años y tres meses después.

Algún tiempo después leí sobre un libro de Carolyn Myss donde describía cómo un hombre con el que había trabajado había sido curado del SIDA cuando se enfrentó a los problemas de su vida. Esto me fascinó y comencé a asistir a talleres nacionales de ella y el Dr. Norm Shealy. Hice esto durante varios años y terminé obteniendo mi Ph.D. sobre el tema.

Cuando tenía 16 años estaba parada en el atrio de la casa de nuestra familia mientras mi madre cosía un poco de tela en mi leotardo para una actuación de danza moderna en mi escuela secundaria. Hacía calor y me desmayé y me golpeé la cabeza contra una roca.

Lo que experimenté fue flotar fuera de mi cuerpo, estar de espaldas con los pies hacia adelante, en un área totalmente oscura. Poco a poco comencé a avanzar hacia una mota de luz blanca por delante. Mientras me acercaba a la luz sentí un amor incondicional que nunca antes había sentido. Fue maravilloso y pensé «esto es mi hogar y quiero ir allí». Luego escuché a mi mamá y mi hermana gritar mi nombre y pensé «oh, maldita sea, tengo que ir a ver lo que quieren». Luego me desperté en el sofá de la sala de estar, rodeada por mi mamá, mi hermana y el médico de familia que dijo que me había desmayado y que ahora estaba bien. Nunca le conté a nadie lo que había experimentado porque me di cuenta de que no era algo de lo que alguien hablara. Años más tarde, estaba trabajando en Tower Records en Chico, en la universidad. Trabajé en la sección de libros y me encontré con el libro sobre Near Death Experiences de Raymond Moody. Cuando lo leí, me di cuenta de que eso era exactamente lo que había experimentado. Desde entonces nunca he tenido miedo a la muerte.

Una enfermedad progresiva

El alcoholismo es una enfermedad progresiva. ¿Qué significa esto? Escuché una buena explicación en una reunión el otro día. Imagina tu vida como una línea horizontal. Te mueves a medida que vives tu vida. Entonces comienzas a beber alcohol. Esa es otra línea que comienza a inclinarse hacia abajo. Continúas bebiendo hasta que experimentas algunas consecuencias negativas y luego dejas de beber y vuelves a tu línea de vida horizontal. Incluso cuando haya dejado de consumir alcohol, la línea de alcohol continúa bajando, de modo que, si recae y comienza a beber nuevamente, volverá a un punto peor que cuando dejó de hacerlo. Eso significa que las consecuencias negativas ocurrirán antes. El alcoholismo es fatal si no se trata. Eso significa que morirás si no dejas de beber (si eres alcohólico). Escucho historias en las reuniones de alguien (no sé quién hasta ahora) que estuvo en las reuniones pero salió y murió. Esto es muy triste.

Miedo

Una de las cosas que tenemos que mirar en nosotros mismos a medida que avanzamos en los doce pasos son nuestros miedos. Recientemente le estaba explicando esto a mi patrocinadora y le di un ejemplo que había escrito cuando estaba trabajando en ese paso. Dije que temía que mi vida no tuviera sentido y que tuviera tantos años por delante para vivir en esta tierra. Me hizo buscar el significado a través del trabajo voluntario que nunca fue criticado por una razón u otra. Dije, sin embargo, que ya no tenía ese miedo porque he entregado mi voluntad y mi vida a mi Poder Superior y confío en que me guiarán sobre cómo podría ser útil.

Llegué a casa y olvidé esa conversación cuando sonó el teléfono. Era de alguien que no conocía en una editorial que estaba interesado en promocionar mi primer libro, que era de naturaleza bastante técnica en relación con mi carrera en la Educación Superior. Dije que no quería promocionarlo, pero que me interesaría promocionar aquel en el que estaba trabajando ahora que era de naturaleza metafísica. Le pedí que me llamara en tres meses para verificar mi progreso. Dijo que estarían felices de publicarlo. ¡Pensé que era increíble! Renuncié a que pasara algo y mi Poder Superior se hizo cargo y trajo a esta persona a mi vida. Creo que está destinado a suceder y me agrada pensar que puedo servir a los demás.

El ritmo de mi semana

Todas las mañanas, excepto los sábados, me levanto a las 9:00 a.m. y conduzco hasta media hora hasta un hermoso parque. Luego camino durante cinco millas alrededor del lago, lo que toma alrededor de dos horas. Luego conduzco, me ducho y me cambio y Eric y yo salimos a desayunar. Eric viene conmigo en las caminatas, excepto cuando está enfermo, que ha estado durante el último mes, con la gripe y un virus. Los lunes voy a ver a Frances, mi terapeuta, a las 2:00. Luego suelo lavar mi auto en el concesionario Mercedes en el camino a casa. Eso me da un descanso de unas pocas horas para ver la hora de noticias de PBS y hacer lo que sea necesario. Luego voy a la reunión nocturna de AA que comienza a las 7:00. Me gusta llegar unos 20 minutos antes para recordarme por qué estoy allí y ponerme en contacto con mis amigos en el programa. El lunes por la noche es una reunión para recién llegados que es divertida porque mientras el orador comparte su historia, pasamos una lista para que las personas escriban sus preguntas. Conduce a una discusión animada. El martes es el mismo horario, pero veo a mi patrocinadora en lugar de a Frances. El martes por la noche es un estudio de libros que es interesante mientras leemos y discutimos las primeras 644 páginas del gran libro. El miércoles está libre por la tarde, así que a veces vamos al cine a ver una película. La reunión del miércoles por la noche tiene su propio sabor y me gusta asistir. El jueves es nuestro día de diversión. Después del almuerzo conducimos por la carretera de la costa, que dura aproximadamente tres horas. Disfruto conduciendo y escuchando la música. También es una oportunidad de dejarme llevar y pensar sobre las cosas. Luego vamos a cenar y regresamos a casa a tiempo para acostarnos. El viernes salimos a cenar a la costa antes de la reunión. Una amiga de la reunión del martes por la noche trabaja allí y es divertido verla. El sábado por la mañana me reúno con mi patrocinadora y asisto a una reunión de 11:00 a 12:30. Después de comer un poco, llegamos a ver a la madre de Eric. Ella necesita atención en el hogar y tenemos una gran persona durante la semana, pero Eric y yo lo hacemos los sábados y domingos ahora. La visitamos por un tiempo, conducimos a un restaurante local para cenar, luego le llevamos una comida caliente y volvemos a casa.

El domingo después de mi caminata y almuerzo, volvemos a subir como hacemos lo mismo, excepto que antes de irnos vamos de compras a Safeway para que tenga mucha comida buena para comer durante la semana. Así que este es mi ritmo de la semana que encuentro agradable y gratificante al mismo tiempo.

Bendícela y cámbiame

Mi patrocinadora me ha enseñado que cuando tengo problemas con alguien, es decir, cuando su comportamiento me molesta, hay que bendecirlo y rezar para que cambie. Esto no tenía mucho sentido hasta que lo apliqué a la cuidadora de mi suegra que me estaba volviendo loca. Intenté muchas veces hacer que entendiera lo que queríamos que hiciera para cuidar a mi suegra. Cuida de ella de lunes a viernes y nosotros la cuidamos los sábados y domingos. Como raramente nos veíamos, estando allí en diferentes momentos, traté de hacer una lista de lo que queríamos que hiciera, crear menús y dejar un libro de cocina como referencia, usando la comida que compramos los domingos por la noche. Le pedimos que comenzara un registro de qué comida se preparó y qué comió mi suegra para que supiéramos que estaba recibiendo comidas nutritivas. Esto continuó durante varias semanas y me pareció que su cuidadora realmente no entendía lo que necesitábamos. Así que llegamos inesperadamente un viernes para tener una conversación cara a cara. Explicamos que las necesidades de mi suegra estaban cambiando a medida que el Alzheimer avanzaba y que teníamos que tener claro qué estaba haciendo para ocuparse de eso. Esperábamos. Bien, quedamos de acuerdo y me sentí esperanzada. Una de las cosas que dijo la cuidadora fue que estuvo allí las cinco horas y media por día de lunes a viernes y si, por alguna razón, no podía hacerlo, nos llamaría para informarnos para que pudiéramos ir. Bueno, el lunes siguiente la llamamos para ver si había llegado a la 1:00 de la tarde, según lo acordado, y la cuidadora no había llegado. Así que llamamos durante las próximas horas y nos dimos cuenta de que no vendría, así que le dijimos a la madre de Eric que tomara sus medicamentos y se preparara algo de comer. Luego nos dirigimos el martes para hablar con la cuidadora. Cuando llegamos, la cuidadora acababa de poner la olla con zanahorias, papas y cebollas mientras la preparaba para meterla en el horno. Discutimos el hecho de que ella no estaba aquí el lunes y la conversación se tornó agitada mientras trataba de negar ese hecho.

Cuando me di cuenta de que la cuidadora había puesto en el registro de alimentos que la madre de Eric había comido la mitad del asado que estaba cocinando en ese momento, dije que era mentira. La cuidadora dijo que se había confundido al escribir eso y continuó una acalorada conversación. Para resumir, terminamos teniendo que ir cuatro días en una semana. Eric y yo estábamos al final de nuestra paciencia. Todo este tiempo la había estado bendiciendo y orando para que cambiara.

Cuando regresábamos a casa del tercer viaje de esa semana, me di cuenta de que estaba molesta y que la cuidadors no. Finalmente me di cuenta de que no podía seguir viviendo con esta situación. Así que fui a la agencia del condado a cargo de los servicios de apoyo en el hogar y solicité una lista de cuidadores disponibles. Entrevisté a algunos por teléfono al día siguiente y concerté una cita con uno, que parecía prometedor, el próximo domingo. La conocimos y la inscribimos. Luego tuvimos que conducir el lunes para informarle a la vieja cuidadora que sus servicios ya no eran necesarios. Lo cual hicimos. Estaba molesta pero nuestras mentes estaban decididas. Espero que ella haya aprendido algo de todo el episodio como yo lo hice. Así que finalmente pude dejar ir y dejar que Dios resolviera una situación que había tratado de cambiar con fervor e ineficacia.

Así que ahora, cuando estoy enojada con alguien en mi vida, me doy cuenta rápidamente de que necesito orar por esa persona y pedirle a Dios que me cambie. Recomiendo esto a todos.

Esperanza y felicidad

He pasado tanto tiempo ocupándome de las dificultades de la vida y me doy cuenta de que ahora, después de más de siete meses de sobriedad, mi vida está llena de esperanza y alegría. Donde solía estar tan deprimida que quería suicidarme, sé sentir esperanza cada mañana al decir mis oraciones del tercer y séptimo paso y entregar mi voluntad y mi vida a Dios. Tengo la esperanza de poder ser una bendición para aquellos en mi vida ese día y meditar para pedir que escuche la voz de mi Poder Superior ese día. Cada día lo paso consciente de mi Poder Superior. A veces me molesto por acontecimientos inesperados, pero rápidamente me doy cuenta de que estoy fuera de balance y aplico una herramienta del programa para volver a centrarme.

También experimento alegría en momentos inesperados. Me encanta conducir mi auto nuevo por la costa a lo largo de la carretera escuchando música y relajándome. Me siento feliz cuando me siento a la mesa con Eric comiendo y maravillada de que encontremos cosas nuevas para hablar y compartir todos los días. Nos reímos mucho juntos. La vida es fácil y plena.

Así que quiero dejar claro que la sobriedad no es solo ser seria. De hecho, me río mucho de las reuniones de AA. Todos están allí por elección para aprender cómo vivir una vida sobria y ayudar a otros en el camino. Es asombroso para mí que podamos unirnos para compartir nuestro deseo común de vivir una vida centrada en Dios y ser tan abiertos y reales entre nosotros. Aquí no hay lugar para fingir. Todos esperan honestidad absoluta y eso es lo que obtenemos. Por supuesto, no todos están interesados en AA y muchas veces tenemos recién llegados, lo cual es maravilloso porque puedo recordar mi primer día entrando, sintiéndome avergonzada e insegura, y quiero extender al recién llegado la bienvenida y el cálido abrazo que yo recibí.

Ser de Servicio

Hay muchas formas de servir en AA y se sugiere que uno se comprometa tan pronto como esté disponible. Varios puestos no tienen ningún requisito de sobriedad, por lo que uno puede conectarse a una reunión y tener un compromiso de ayuda al recién llegado a conocer a las personas y a que las personas del grupo las conozcan. Mi primer compromiso fue hacer café, lo que me obligó a aparecer media hora antes para hacer el café. Ha sido divertido. También tuve que comprar suministros de café y obtener un reembolso, por supuesto. Otro compromiso que asumí al principio de mi sobriedad fue la literatura. Hay un pozo de literatura en el lugar donde nos encontramos. Se paga con las donaciones de las personas que van a esa reunión. Es una fuente inestimable de información para los recién llegados que cubren temas tales como "¿Qué es Alcohólicos Anónimos?" Y "¿Es usted un alcohólico?", Que contiene varias preguntas para responder si es realmente un alcohólico. El único requisito para Alcohólicos Anónimos es el deseo de dejar de beber. Todos son bienvenidos (para abrir reuniones) y depende de cada individuo decidir por sí mismo si es alcohólico. Algunas personas necesitan varias reuniones para darse cuenta de que están en el lugar adecuado para ellas. Para mí, lo supe de inmediato porque me llevó mucho tiempo llegar allí.

Uno puede ser útil a nivel de reunión y también a nivel más amplio si se desea. Eso significa que podría ir a hospitales e instituciones para presentar AA a las personas que no pueden asistir a una reunión. También hay muchos tipos de comités que están abiertos para el trabajo voluntario. Debe consultar con el Secretario en la reunión a la que asiste.

Pensamientos Suicidas

No es raro que una persona que comparte su historia en una reunión mencione que, antes de AA, tenían pensamientos suicidas. Esto se debe en parte a que el alcohol es un depresivo, por lo que crea un estado de ánimo oscuro y deprimido en la persona que lo consume regularmente. La otra razón es que cuando una persona termina en AA está espiritualmente en bancarrota. Lo que esto significa es que han tratado de usar el alcohol como una forma de resolver problemas en sus vidas y eso no funciona y generalmente crea más estragos cuanto más tiempo se recurrió a él como respuesta. El alcohólico generalmente sabe, cuando llegan a AA, que tienen un problema e incluso pueden sospechar que son alcohólicos. El ansia de consumir alcohol ante el aumento de las consecuencias negativas y la incapacidad para dejar de fumar se ve como un ejemplo del tipo de pensamiento loco que es típico de un alcohólico.

Anoche, un hombre compartió su historia de cómo terminó en AA. Dijo que después de tener una recaída después de estar sobrio durante un año, se dio cuenta de que tenía dos opciones: volver a AA o suicidarse. Dijo que no fue una elección fácil de hacer. Afortunadamente para él y para nosotros, volvió a AA y tuvo nueve años de sobriedad. Pero muchas personas no regresan.

Otra mujer compartió su historia. Estaba bebiendo alcohol todos los días y, mientras conducía al trabajo, cruzó un puente. Se encontró pensando "¿es hoy el día en que salto del puente?"

Es difícil describir las profundidades de la desesperación y el odio hacia uno mismo que pueden estar presentes en un alcohólico antes de recuperarse. Es confuso y alarmante al mismo tiempo. Debido a que es una enfermedad que es progresiva y fatal, si no se trata, las cosas siguen empeorando para la persona que ha superado esa línea de poder controlar el consumo de alcohol. Para mí, comenzaría diciendo que solo tomaría dos copas en la cena y en unos meses terminaría en crisis y otro viaje a la sala de emergencias. Aún no entendía lo que me estaba pasando.

Gracias a Dios que ahora lo sé. Para algunas personas, pasan por encima de esa línea con el primer trago en la infancia o la edad adulta temprana. Para mí, bebí durante 40 años antes de llegar finalmente a AA. Pero crucé esa línea antes de llegar a AA. Simplemente no me di cuenta.

Una de las razones por las que estoy escribiendo este libro es con la esperanza de que alguien pueda leerlo y darse cuenta de algunas similitudes con su propia vida y obtener ayuda. Por eso estoy siendo tan honesta y transparente. La honestidad es parte de lo que también se requiere para recuperarse de la adicción al alcohol. Eso y la voluntad de hacer «lo que sea necesario» para recuperarse. Lo que eso implica se discutirá más a medida que avancemos.

No lo haces solo

AA es un programa "nosotros", no un programa "Yo". No lo haces solo. Usted lee el Libro Grande y sigue los pasos con un patrocinador (aunque, por supuesto, puede leer por su cuenta). Y las reuniones son con otras personas, así que quiero ayudarlo a aprender a amarse a sí mismo y comprender el programa de recuperación. La mayoría de las reuniones terminan con todos en un círculo tomados de la mano con la afirmación de que no hacemos esto solos y en apoyo del alcohólico que todavía sufre. Entonces, generalmente se dice la oración del Señor.

Pero, para ser claros, este no es un programa "cristiano", está disponible para cualquier persona, sin importar a qué denominación o religión se pueda adscribir o incluso si es ateo o agnóstico. Es un programa espiritual con dependencia de un poder mayor que el tuyo. Para algunas personas, ese es el grupo de otros alcohólicos que están presentes en la reunión. Cada persona llega a una persona que comprende un poder mayor que ellos a su manera. Lo que no es negociable es que no eres solo TÚ. Por nuestra cuenta no podemos detener el alcoholismo. Eso está claro para cualquiera que haya experimentado esta enfermedad.

Ser secretario

El Secretario es la persona que dirige las reuniones de AA. Son elegidos por el grupo para un compromiso de seis meses y usted necesita tener seis meses de sobriedad para ser elegible. Ahora tengo siete meses de sobriedad. El Secretario generalmente cambia entre ser mujer y hombre. En la reunión de recién llegados del lunes por la noche, el Secretario actual acaba de anunciar que su mandato terminará a fines de este mes. Ron, uno de los miembros de AA, me preguntó si estaría dispuesta a ser la próximo Secretaria. Dije que lo haría. Me nominará en la reunión del próximo lunes y luego será mi turno de ser la Secretaria. Mantendré notas aquí de cómo es eso para mí.

Anoche me votaron como nueva Secretaria en la reunión del lunes por la noche. Me siento tan bendecida y contento de servir de esta manera. Se siente como un voto de confianza por parte de los otros miembros que estoy encaminando en el programa. Pasé la tarde llamando a las mujeres de las listas telefónicas que recibí en las reuniones preparándolas para que compartieran su historia en la reunión del lunes por la noche. Veremos cómo se desarrolla todo de acuerdo con la voluntad de Dios.

Es miércoles y he estado llamando a las mujeres para ver si están disponibles y dispuestas a compartir su historia en una de nuestras reuniones de los lunes por la noche. Es muy divertido. Voy de una lista de teléfonos que obtuve de esa reunión. Muchas de las mujeres mencionadas no sé si las conocí o no, tal es el anonimato de AA. Lo que me sorprende es lo agradables y dispuestos que son y están. Es una experiencia edificante.

Es mi enfermedad hablando

En las reuniones a menudo escucho a personas compartir que "es mi enfermedad hablando", he llegado a comprender lo que significa. Parece que hay una parte de mi mente que recuerda beber como una "salida" de la agitación emocional y se sienta en mi hombro siempre esperando la oportunidad de hablar conmigo y hacerse cargo, aunque eso no es cierto para mí ahora.

Ayer fue un ejemplo perfecto. Era un sábado típico y todo iba bien. Conocí a mi patrocinadora, hablé de hacer las paces en las que estoy trabajando, me quedé para la reunión y luego regresé a casa. Me sentí inquieto por las enmiendas en las que estoy trabajando. Es difícil mantener la concentración en lo que quiero decir, lo siento por las veces que mi enfermedad pudo haberlos lastimado. En cambio, me siento avergonzada o temerosa de algo negativo que la persona podría decirme. Bueno, recogí a Eric y nos dirigimos hacia el norte para ver a su madre. Me relajé un poco escuchando la música en el auto. Pero cuando llegamos allí, hubo un aviso de que su cheque de alquiler había rebotado, lo que fue una sorpresa total. Eso hizo que Eric se molestara, por eso y por el hecho de que su teléfono celular de reemplazo no tenía la aplicación del banco en él, por lo que no pudo verificar su saldo, y allí estábamos, otra vez fuera del centro. Intentamos resolver el problema, pero la conversación pareció caer en un remolino de enojo que sabía que no era una respuesta útil. Así que mientras estábamos cenando, dije que solo necesitaba relajarme y encontrar mi centro nuevamente. El problema era que no lo estaba encontrando. En cambio, estaba viendo a gente a mi alrededor en el restaurante y en el bar bebiendo y con aspecto relajado y pensé "bueno, si pudiera tomar una copa estaría bien". Por supuesto, sé que era una idea estúpida.

Entonces, recordé en mi mente los últimos tiempos en que comencé a pensar que, me permitía tomar dos copas de vino en la cena, y unos meses después terminaría en la sala de emergencias debido al alcoholismo. Es un proceso insidioso donde tomo un trago, siento ese deseo nuevamente y empiezo a planificar cuándo puedo tomar el próximo trago.

Eso lleva a una obsesión mental en la que empiezo a planificar cuándo puedo comprar vino, dónde puedo mantenerlo fuera de la vista, cómo puedo esconder bebidas y la locura a la que eso lleva. Afortunadamente, recuerdo que para mí ahora, tomar una copa no es simplemente tomar una copa. Es dar paso a la locura del alcoholismo. Es mi enfermedad hablándome.

Bueno, el día terminó siendo una lucha para mí escuchar estos dos lados de mi mente. Me las arreglé para NO tomar una bebida, que es el paso número uno. Me encontré pensando "¿Realmente creo en estas cosas de Dios? ¿Me estoy engañando a mí misma? «Eso no sirvió de nada. Entonces rezaba un poco, pidiendo ayuda, y eso me ayudó por unos minutos. Intenté hacer una lista de gratitud en mi mente y me di cuenta de cuánto tengo que estar agradecida hoy. Pero esa paz mental normal que tengo se fue y no regresó. Finalmente decidí llegar a casa y acostarme, lo cual hice. Con gratitud me metí en la cama y me fui a dormir.

Hoy me desperté descansada y tranquila nuevamente, pude dormir e iniciar suavemente el día cuando dije mi oración del tercer paso y la oración del séptimo paso y hablé y «escuché» a Dios por un tiempo en mi mente. Me di cuenta de que era un momento perfecto para escribir otro capítulo en mi libro sobre este tema.

Así que por hoy, estoy centrado, en este momento de cualquier manera. Es hora de dirigirse al norte nuevamente para ocuparse de los asuntos pendientes del cheque sin fondos y cualquier otra cosa que pueda traer el día. Pero lo hago sabiendo en mi corazón y en mi mente que no lo estoy haciendo solo, lo que me hace llorar de gratitud mientras escribo esto. Estoy muy agradecida por mi sobriedad.

Similitudes, no diferencias

A menudo se dice que debemos buscar similitudes, no diferencias entre nosotros, mientras escuchamos a las personas compartir sus historias. Esto se debe a que cada uno de nosotros tiene un viaje único que viajamos para llegar a las habitaciones de AA. El alcoholismo no discrimina en la demografía, la raza, el origen étnico, el estado socioeconómico, la orientación sexual, la edad o el género. Es una enfermedad que puede afectar a cualquiera.

La variedad de historias escuchadas en AA es asombrosa. Escuchar la historia de vida de otro y el viaje hacia la recuperación puede ser muy humillante. Me doy cuenta de cuán protegidas y limitadas son las experiencias de mi vida en comparación con otras. Quizás es porque vivimos en una ciudad con una aproximación cercana a una prisión estatal que escucho historias de personas que han estado en la cárcel y en la prisión. La suya es a menudo la historia de venir de un hogar que conocía la adicción de todo tipo. Escucho hombres y mujeres que, desde una edad temprana como 11 años, describen cómo usaron drogas para alterar su realidad. No es inusual que se metan en problemas con la ley y terminen en rehabilitación antes de los 20 años. También es común escuchar muchos intentos de ponerse sobrio, de estar dentro y fuera de los centros de tratamiento antes de que la recuperación finalmente se "atasque". Escucho estas historias y me asombra la tenacidad de esa persona, su capacidad para seguir adelante a pesar de todas las dificultades que la vida les ha traído. Como he mencionado en otra parte, no es raro que alguien se encuentre en una encrucijada entre el suicidio y la recuperación, por lo que la desesperación y el aislamiento del alcoholismo pueden ser sombríos. Este parece ser un componente necesario para la voluntad de clamar con toda honestidad la ayuda de Dios para encontrar otra forma de vida. A menudo escucho a la gente decir que siempre se han sentido incómodos en su piel. También se menciona la incomodidad social y el deseo de "encajar"

Al principio me impresionaron mucho estas historias. Me sentí fuera de lugar en mi ropa de trabajo profesional. Después de un tiempo decidí comenzar a usar jeans azules y compré una chaqueta de cuero negra para ver si me ayudaba a sentirme más parte del grupo, y así fue. Por supuesto, no todos los grupos son tan diversos. Pero estoy agradecida por la diversidad de los grupos a los que asisto. Es muy refrescante NO ser juzgada por mi posición, apariencia o vestuario. Las personas en AA son crudas en su honestidad. Cada uno de nosotros está allí porque se han eliminado todos los pretextos y nos quedamos con la desnudez de nuestra desesperación para encontrar otra forma de abordar la vida.

Quizás es por eso que sigo aprendiendo de cada reunión a la que asisto. Las palabras que las personas dicen pueden ser las mismas, pero la persona que las dice está describiendo una comprensión recién descubierta de un concepto que les está salvando la vida. Todos estamos simplemente "convirtiéndonos". Eso es tan refrescante y humilde al mismo tiempo.

También he llegado a ver el papel de la policía y el sistema judicial de una manera nueva. Veo cómo estos individuos salvaron la vida de las personas en problemas y ayudaron a llevarlos a un nuevo camino de vida. Incluso he oído a hombres decir que su esperanza de salir de la vida era enfrentarse a la policía y ser abatido a tiros. Guau. Qué situación tan horrible para todos los involucrados. Por supuesto, las personas en las reuniones son las afortunadas... han encontrado el camino hacia una solución para su(s) adicción(es). Si están listos para aceptarlo, por supuesto, depende de ellos. Veo gente ir y venir. Me pregunto acerca de las jóvenes que se han sentado a mi lado por un tiempo y luego un día no regresan. ¿Estarán bien? ¿Han tenido que salir a "hacer más experimentación" como se le llama? Escuché decir que somos los afortunados y estoy de acuerdo con esto. Somos los alcohólicos en recuperación "agradecidos".

Hay otro aspecto de la reunión que me gustaría describir. Ese es el aspecto etéreo de estar cerca y una parte de una apertura común a Dios o nuestro Ser Superior. La energía del grupo de 20 a 30 personas tomados de la mano y diciendo la Oración del Señor es palpable. Normalmente salgo de la reunión sintiéndome «más ligera». Y todos los demás también, creo. Por eso vamos. Por supuesto, también hay algunas personas que parecen deprimidas y rezo por su alivio y consuelo.

¿He mencionado la risa en las reuniones? Es sorprendente encontrarme riéndome cuando alguien describe la tontería de nuestros pensamientos y comportamientos mientras bebíamos. Creemos que lo estamos "escondiendo" de los seres queridos que están cerca de nosotros. Por supuesto, la única persona que realmente estamos engañando somos nosotros mismos. Y seguimos repitiendo el mismo patrón día tras día a veces durante años hasta que algún evento interrumpe el patrón y nos libera en el camino hacia la recuperación. Puede ser obvio, pero tal vez merece declarar que este punto de inflexión rara vez se anticipa o se realiza en el momento. Nuestra comprensión de esta desviación hacia una nueva forma de vida a menudo se ve solo al reflejarse en nuestra sobriedad.

Mi patrocinadora

Un patrocinador en AA es una persona del mismo sexo, que lo lleva a través de las 164 páginas del Libro Grande y lo ayuda a seguir los doce pasos. Este es un viaje muy íntimo que es diferente para cada persona. He sido muy afortunada de tener una patrocinadora maravillosa, Amy.

Amy fue la secretaria de la primera reunión de AA a la que asistí. Estaba decidida a comenzar en AA de inmediato, así que subí al final de la reunión y le pregunté si ella sería mi patrocinadora. Ella aceptó gentilmente. Mi Poder Superior seguramente sabía lo que estaba haciendo cuando nos unió. Amy es la patrocinadora perfecta para mí.

Desde el primer día que nos conocimos, me he sentido cómoda y confiada en Amy y le he contado cosas que pocas personas saben. Ella siempre está atenta, me acepta y ama. A veces hace sugerencias, pero sobre todo solo escucha lo que tengo que decir. Entonces ella podría compartir algo de su vida que sea similar, lo que me ayuda a sentirme cerca de ella y consciente de que estamos en el camino correcto. Nos hemos convertido en buenas amigas y espero con ansias nuestras discusiones semanales que van mucho más allá de la lectura del Libro Grande y sobre cualquier tema relevante en este momento.

Aunque Amy es más joven que yo, tiene la profunda experiencia y humanidad con la que necesito relacionarme. Ella es una persona muy cariñosa y amable. Ella también es fuerte y autosuficiente, lo que también me corresponde. Ella es una madre devota, lo que yo no soy, pero honro y aprecio su dedicación a sus hijos.

Alrededor de la Navidad del año pasado, llegué a una reunión directamente después de ver una película sobre la pérdida de un ser querido. No paré de dudar en ir aunque, cuando entré, me di cuenta de que tenía lágrimas corriendo por las mejillas.

Había visto la película justo en el tercer aniversario de la muerte de Leslie y el dolor de eso siempre estuvo presente en ese momento. Aunque otras mujeres en la reunión fueron cálidas y comprensivas, cuando Amy llegó y me miró, me abrazó y me preguntó si me gustaría salir, lo cual hice. Estuvimos afuera con ella abrazándome por un buen rato y sentí una calidez y amor que necesitaba desesperadamente sentir. Volvimos a la reunión y, aunque lloré casi todo el tiempo, me sentí segura y protegida por Amy. Fue maravilloso.

Amy tiene muchas otras similitudes en términos de educación y valores familiares. Nuestras historias son muy diferentes, pero lo mismo en términos de la desesperación que cada uno de nosotros sentimos al entrar en las habitaciones de AA. Las dos estábamos rotas y queríamos la solución que AA tiene para ofrecer. Como dicen en el Libro Grande, estábamos "dispuestas a hacer todo lo posible" para mantenernos sobrios. Nuestra disposición individual nos abrió muchas puertas de conocimiento y conexión a medida que navegamos hacia el estilo de vida de AA.

La pregunta de qué buscar en un patrocinador a veces surge en AA. Desde mi experiencia personal, diría que escuche a su Poder Superior y no tenga miedo de preguntar. Siempre puedes elegir a otra persona si esa persona no resulta ser la correcta. Pero creo que es importante discutir un cambio si tiene un problema con su patrocinador. Lo más probable es que el problema esté con usted y el patrocinador ya lo sepa.

Amigos

Una de las mejores cosas de ir a reuniones regularmente es que estoy rodeada de amigos. Cada reunión parece tener su propio conjunto de personas que aparecen habitualmente. Espero poder asistir a una reunión y descubrir cómo están todos. No es que sea particularmente extrovertida. Soy introvertida y tranquila por naturaleza. Me gusta ir temprano y observar cómo llega la gente. Escucho conversaciones a mi alrededor y me siento consolada con solo estar allí.

La otra noche me presenté y me sentía inusualmente cansada. Uno de los hombres del grupo me miró y me preguntó si estaba bien. Le expliqué que había estado yendo y viniendo sin parar desde la madrugada y que solo necesitaba quedarme quieta por un minuto. Estuvo de acuerdo en que me veía cansado. La semana siguiente estuvo pendiente. Qué maravilloso saber que le importa. Y eso es solo el espíritu de la habitación. Todos nos preocupamos el uno por el otro. Escuché que se describió maravillosamente hace unos días. Es como si estuviéramos rodeados de pinos altos y fuertes y no se nos permita caer demasiado lejos del centro antes de que alguien nos enderece nuevamente.

También es divertido encontrarse con miembros de AA fuera de la reunión mientras hago mis rutinas normales. Nunca decimos de dónde nos conocemos, o simplemente decimos de un grupo de apoyo, para proteger el anonimato.

Nunca me he sentido parte de un grupo como lo hago en AA.

Alzheimers

Ayer fue particularmente difícil. Comenzó con un mensaje de texto de la cuidadora de la madre de Eric que decía que habían disfrutado ir al cine el martes y que tenían las cosas planificadas para el sábado, por lo que no teníamos que ir, eso estaba bien. Estaba lloviendo, pero salimos a caminar como siempre. Mientras conducíamos, discutimos lo que esto podría significar y cómo manejarlo. Aparentemente no es gran cosa. Sin embargo, es un cambio en nuestro horario y, según nuestra experiencia, su madre aceptará hacer algo en el momento, pero cuando llegue el momento, estará cansada y querrá dormir. Ella tiene Alzheimer y aún no sé lo que esto significa para nosotros. Simplemente trato de tomar un día a la vez y lidiar con eso.

Bueno, fuimos a caminar, pero el parque se inundó, así que solo nos quedamos aproximadamente una hora y media en lugar de las dos horas habituales de ejercicio. Decidimos llamar al cuidador después de la 1:00 cuando ella estaría en la casa de su madre. Mientras esperábamos eso, Eric recibió un mensaje telefónico de su madre felizmente diciendo que tenían planes para este sábado, así que no hay necesidad de hablar. Así que llamamos, hablamos con ambos y les dijimos que pensábamos que esto era un cambio repentino de nuestro horario semanal y no nos gustó la idea. Sonaban decepcionados.

Salimos a nuestro paseo habitual de los jueves por la costa para un regalo para nosotros, y los dos estábamos molestos y tratando de averiguar qué estaba sucediendo para impulsar este cambio. Llamamos nuevamente para obtener más información y descubrimos que eran vacaciones de primavera, por lo que el hijo de la cuidadora estaba en casa. Habían hecho planes para hacer cosas juntos en la casa del cuidador los dos fines de semana, incluida la cena de Pascua. El cuidador dijo: "Tengo una nueva amiga y quiero invitarla aquí para la cena de Pascua".

Eso suena genial, sin embargo, ella no es una amiga, es una cliente. Me siento incómoda con ella cruzando estos límites. Dije que necesitábamos discutirlo y que volvería a llamarlos. Continuamos por la costa, atravesando algunos charcos profundos en la calle, pero subiendo por la carretera. Procedió a Eric enojándose terriblemente porque se sentía culpable por no dejarla ir y no podía decidir qué hacer. Le dije que no creía que su cuidadora se diera cuenta de que cambiar el horario era molesto para nuestros planes y que preguntarle a su madre si quería hacer algo no era la mejor manera de proceder.

Que, por supuesto, diría que sí en el momento en que sonara divertido, pero el problema de que ella tuviera alzheimers y su mal estado general de salud, no había forma de saber si realmente sería capaz de superarlo. Su madre no considera lo que se necesita para hacer algo, cómo afecta a otras personas o incluso cómo podría afectarla. De hecho, me sorprendería si ella incluso recuerda la conversación al día siguiente. Dije que nosotros necesitábamos tener un horario predecible y quería ir el sábado y el domingo ya que tenemos el compromiso de hacer y ver qué pasa.

Entonces los volvimos a llamar. Como Eric había temido, su madre estaba molesta con él por decir que no a sus planes y se sintió terrible. Entonces él dijo que siguiera adelante y pidió hablar con la cuidadora, lo cual hicimos. Intentamos explicar todo lo que habíamos discutido. Se acordó que podrían hacer planes e intentar hacerlos, pero de todos modos vendríamos a ver cómo iban las cosas.

La cuidadora dijo que solo estaba tratando de hacernos las cosas más fáciles, pero eso NO nos hizo las cosas más fáciles. De hecho, nos molestó totalmente a Eric y a mí y causó mucha consternación. La contratamos porque dijo que entendía el alzhéimer pero ahora estoy empezando a cuestionarlo. Tendremos que ver qué pasa el sábado.

Así que pudimos pasar un tiempo razonablemente relajante en la cena y conducir a casa. Pero en el camino a casa, el camino se inundó y cuando comencé a cruzar, Eric gritó para que me detuviera y retrocediera. Sabía por nuestras conversaciones anteriores que no necesitaba hacer eso y continuar conduciendo o de lo contrario el agua entraría en el silenciador y el automóvil se detendría. Seguí conduciendo y crucé. Sin embargo, pronto llegamos a otro bloqueo de carretera y él volvió a gritar para que me detuviera abruptamente. Desde que tuvo los tres accidentes automovilísticos a fines del año pasado, ha estado híper vigilante, por eso conduzco ahora y disfruto conducir mi auto nuevo.

Llegamos a casa y llamé a mi patrocinadora como siempre lo hago al final del día. Le dije que había sido un día difícil, pero no quería revivirlo diciéndole, pero le explicaría cuándo nos reuníamos para nuestra charla habitual los sábados por la mañana.

Entré y me fui a la cama pero no pude dormir. Me quedé despierta durante dos horas porque tengo tanta adrenalina atravesando mi cuerpo que y lo ODIO. Por eso hago tanto ejercicio y hago mediación para regularlo. Dormí durante cuatro horas pero no estoy totalmente despierta. Me acuesto en la cama sintiendo latir mi corazón. Parece ser más fuerte que nunca y puedo sentir que me late con fuerza en el pecho. No creo que tenga presión arterial alta porque tomo medicamentos para eso. Pero parece que está latiendo duro y me pregunto cuándo se detendrá algún día. Quizás este sea el resultado de hacer ejercicio regularmente, las cinco millas que camino cada día. Mi cuerpo es más fuerte que nunca y quizás mi corazón también sea más fuerte. No puedo dormir, así que decidí levantarme y escribir en mi diario / libro.

Me pregunto si esto puede ser de interés o de utilidad para otra persona, para conocer mis dificultades y cómo trato de navegarlas. Todavía estoy sobrio, aunque ciertamente he pensado en tomar una buena bebida fuerte para calmar mis nervios. Pero sé que no puedo hacer eso, así que no lo hagas.

Espero que esto sirva para un propósito útil que no sea solo sacarlo de mi mente. Oh bueno, eso es lo que siento ahora. Voy a acostarme ahora e intentar al menos dejar que mi cuerpo descanse incluso si mi mente no lo está. Haré un poco de meditación y rezaré también. Quizás eso ayude.

Incertidumbre

Quiero tratar de escribir sobre algo que todavía no está claro en mi cabeza. Pero tal vez si trato de describirlo, las palabras vendrán. Tiene que ver con la experiencia con la que ahora vivo de total incertidumbre. Quizás la vida siempre ha sido incierta, pero nunca me había sentido así antes. Hoy es un día difícil. Hoy dudo de mí y de mi vida.

Algo sobre la muerte de Leslie y luego el calentador de agua que se apagó en nuestra casa y causó un gran daño a la casa que tardó seis meses en reparar me ha hecho darme cuenta de que vivo con incertidumbre todos los días. Es como si solía pensar que entendía la vida, lo que se requería para vivirla "con éxito". Tenía ciertos estándares que intenté cumplir y en general pude hacerlo. Ahora me doy cuenta de que no sé qué hacer ni cómo hacerlo. Es como si tuviera una brújula y la perdiera. Pensé que había estándares y principios que cumplir y, si se hacía correctamente, la vida me recompensaría con facilidad y comodidad. En cambio, ahora tengo independencia financiera y total libertad para hacer lo que me plazca y me siento a la deriva. Hay muchas horas cada día que deben completarse de la manera más significativa posible. Ayuda comenzar con la caminata. Eso lleva tres horas para cuando conduzco y regreso al lago. Luego damos un bocado para comer en nuestro restaurante local favorito donde van muchos lugareños. Tengo actividades estructuradas para cada día y para la semana, pero parece que estoy tratando de hacerlo haciendo lo que parece una vida significativa pero no lo es. Quiero estructurar mi tiempo para que lo pase sabiamente, así que incluya una hora viendo el PBS Newshour todos los días si es posible. Asisto a una reunión de AA que definitivamente se siente significativa para mí y para los demás asistentes y es una forma maravillosa de terminar el día. Estoy escribiendo este libro que parece útil, pero me pregunto si realmente lo es. No es que nadie más en el mundo lo haya descubierto mejor que yo.

Creo que soy consciente del dolor existencial de sentir que mi vida ha terminado de alguna manera, que los días productivos de certeza de propósito han terminado. Sabía cuánto necesitaba trabajar para pagar mis cuentas y lo hice de buena gana. Ahora todos los absolutos han desaparecido.

Creo que estamos cada uno aquí en la tierra en nuestras respectivas vidas para aprender lecciones únicas para cada uno de nosotros. Y cuando los hayamos aprendido, creo que moriremos. Entonces, es algo así como una graduación, una celebración por la que se ha trabajado duro y nos hemos ganado el derecho de regresar a casa con Dios. Pero mientras tanto estoy pisando agua lo mejor que puedo, siguiendo los movimientos de tener una vida significativa, sin saber realmente lo que estoy haciendo "bien", sea lo que sea.

Me cuesta vivir así. Trato de no pensar en ello. Pero me siento muy lista para dejar esta vida y seguir adelante. De hecho, anhelo que se haga. Aprecio la belleza de la vida, pero ya no es suficiente para mí. Estoy pasando por los movimientos. No planeo suicidarme porque honestamente no creo que eso resuelva el problema: si no he terminado de hacer lo que vine a hacer, simplemente tendría que renacer y volver a hacerlo, lo cual no hago. No quiero hacerlo. Me encuentro observando a la gente y preguntándome si volverían como ellos si quisieran hacerlo; si la alegría de su vida valiera la pena todo el sufrimiento que conlleva. Pienso en ello y siempre encuentro la respuesta de que, no, eso no me incitaría a volver. Puedo sonar desagradecida por las bendiciones de mi vida. Estoy agradecida pero todavía falta algo. Hoy extraño sentirme hermosa, joven y llena de promesas. Hoy extraño tener objetivos para mí y lograrlos, como obtener un Cinturón Negro o un doctorado o convertirme en Vicepresidente Asociado. Hice todas estas cosas. Y me fui y seguí adelante porque una parte de mi alma anhelaba más. Una parte de mí estaba sufriendo en esos roles y me sentía aislada de mí misma, viviendo solo una parte de mí en cada situación. Ahora me siento auténtica todo el tiempo. No me escondo. Yo soy honesta. Por lo general, elijo compartir muy poco de mí misma con los demás. Por lo general, parece innecesario hablar.

Me pregunto cómo la gente puede hablar sin parar. Es casi como si algunas personas estuvieran hablando de sus vidas y me preguntaran «¿importa esto?» «¿Estás impresionado con este hecho sobre mí?» Siento una presión de ellos para responder y reafirmar sus vidas, pero no respondo. Pienso si hay algo que puedo decir honestamente que contribuiría a la discusión, pero generalmente no puedo pensar en nada, en parte porque creo que no están hablando de nada. Simplemente están divagando sobre sus vidas.

Lo que sí encuentro significativo son las reuniones de AA. Aquí discutimos los temas espinosos de la vida: ¿Qué significa rendición? ¿Qué hago sobre el aburrimiento en mi vida? ¿Cómo manejo la depresión? ¿Qué es gratitud, servicio o recuperación? En AA no hay lugar para fingir. Todos los que se quedan son auténticos. Veo que la gente se va y por lo general siento un nivel de simulación. No me refiero a esto de una manera condenatoria. Quiero decir que todavía se aferran a una imagen de sí mismos como si estuvieran bien y no están listos para rendirse por completo al proceso discutido en las reuniones y en el Libro Grande. Se requiere un nivel de desesperación para estar dispuesto a renunciar a todo lo que nos ha llevado a través de la vida hasta el punto de atravesar esas puertas y estar dispuesto a probar algo nuevo. Es humillante pero liberador. Afortunadamente en ese momento, podemos confiar en otros en el grupo para que nos cuiden y nos amen de una manera que aún no conocemos. Por lo general, la vergüenza y la derrota son los sentimientos más importantes en nuestras mentes cuando entramos con miedo por esas puertas. Hemos sido golpeados por la vida. Y luego, lentamente, comenzamos el viaje de regreso a la vida. Hacemos lo que se nos sugiere hacer. O podemos elegir irnos e intentar una vez más seguir adelante con nuestras viejas estrategias de afrontamiento.

Tal vez hoy me siento tan inseguro porque me estoy «convirtiendo» en lugar de «ser». Le dije a mi patrocinadora que siento que salgo a cada día como salido de un acantilado al aire confiando en que no me caeré. Digo mis oraciones a primera hora de la mañana sobre la fe y espero que realmente haya un Poder Superior aquí para ayudarme. Digo eso a pesar de que he tenido muchas veces en mi vida cuando ese Poder Superior ha demostrado que me guía y me ayuda. ¿Qué parte de mí sigue conteniendo el miedo? ¿Qué parte de mí todavía tiene dolor? No estoy segura. Esto es lo que estoy reflexionando. Mañana puede ser diferente.

Mi lugar seguro privado

Frances me preguntó si podía hablar más sobre el lugar oscuro y seguro al que me retiro a veces. Lo mencioné en terapia la semana pasada. Es un lugar dentro de mí que está quieto, tranquilo y seguro.

Creo que desarrollé este lugar dentro de mí cuando era niña. Sentí que tenía que estar a la altura de los estándares de perfección cuando era niña. Tenía que vestirme bien, sobresalir en la escuela y actuar de manera prescrita en cada situación. Es como si mis padres ya hubieran descubierto la vida y me dieron su plan para el éxito. Solo tenía que obedecer y comportarme como ellos querían que lo hiciera.

Pero siempre hubo momentos en los que quería retirarme y estar sola. Recuerdo que cuando era niña, cuando vivíamos en el lago, me metía sola en el bosque y estaba tranquila y en paz. Me encantaba mirar y escuchar a los pájaros. Recuerdo que un día saqué el bote de remos y estaba viendo algunos peces en el agua al lado del bote. Cogí uno y lo miré. Fue hermoso. Luego lo puse suavemente en el agua de nuevo y nadó lejos.

Solía disfrutar del remo sola, sintiéndome segura para explorar y estar con la naturaleza. Un día remaba hasta la cima del canal donde un puente cruzaba sobre el agua. Vi una bolsa de arpillera arrojándose al agua y temí que alguien hubiera ahogado a algunos gatitos en el agua. Llegué a casa y llevé a mi hermana. Remamos juntas y tentativamente desatamos la bolsa y miramos adentro. Tenía cloro para matar las algas en el lago. Qué alivio fue para nosotras.

Recuerdo caminar a casa desde la escuela por el bosque disfrutando de la belleza y la tranquilidad de todo. Un día en otoño caminé a casa, me ensucié la ropa y me metí en problemas por eso. Fui más cuidadosa después de eso.

Entonces, lo que estoy tratando de decir es que siempre he tenido un lugar privado especial dentro de mí donde puedo estar sola y segura, lejos de las demandas de la familia y otras personas. Entonces, para mí, retirarme es encontrar consuelo. Es preferible el ruido y el negocio de estar cerca de otras personas.

Hoy me retiro allí cuando me siento cansada y abrumada. Disfruto estando aparte. Disfruto de la tranquilidad y la paz. No es una depresión o un espacio triste. Es la parte de mí que no cambia, que no está conectada con el esfuerzo y el desempeño de las muchas tareas que he establecido para mí o que la sociedad ha establecido para que yo atienda. Sin esfuerzo es de lo que estoy hablando. Solo ser.

Mi corazón

Ha sido un día inusual. Me desperté a las 2:00 a.m. y no pude volver a dormir. Finalmente comencé a meditar preguntándole a Dios si había algo a lo que tuviera que prestarle atención. Mi corazón latía muy fuerte, como lo he notado últimamente. Sentía que mi cuerpo se alzaba cada vez que respiraba y mi corazón latía con ese ritmo y pensé que estaba a solo un respiro de estar muerta. Me pregunto cuándo se detendrá. Eso me llevó a pensar en lo disgustado que estaría Eric si muriera repentinamente y él no sabría qué hacer. Así que en mi cabeza pensé en todas las cosas que debería saber, desde llamar al depósito de cadáveres para recoger mi cuerpo (que prepagué para ser cremado) hasta manejar el dinero y cómo hacer un memorial si quisiera. No me levanté para escribir en mi diario porque pensé que tal vez podría dormir un poco más. Finalmente lo logré alrededor de las 6:30 durante una hora.

Me desperté a las 9:00 a.m., hora en que me levanto todas las mañanas para salir a caminar. Seguía lloviendo mucho, así que pensé en escribir en mi computadora las cosas que quería que Eric supiera si pasaba para poder sacar eso de mi mente. Cuando terminé bajé a ver a Eric. Por mucho que quisiera salir a caminar, estaba lloviendo a cántaros, así que decidimos salir a desayunar. Durante el desayuno le conté lo que había estado haciendo. También me di cuenta de que estaba hablando mucho sobre el pasado cuando era surfista y cómo solía hacer las cosas. Le pedí que se concentrara en el momento y en lo que podríamos hacer juntos en el futuro. Él entendió mi punto. Una cosa que queremos hacer es montar a caballo en la costa, así que nos detendremos en uno de los ranchos que pasamos cada semana y descubriremos cuándo podemos hacerlo.

Seguía lloviendo después del desayuno, así que decidimos ir al cine. Entramos y apenas comenzaba una película que sonaba bien: la temporada milagrosa. Fue una película maravillosa sobre la historia real de una jugadora de voleibol de secundaria llamada Caroline Found que falleció repentinamente y cómo su equipo se recuperó y ganó el campeonato estatal en Iowa 2011 en su honor. Fue muy conmovedor.

Gratitud

Estoy extremadamente agradecida por mi nueva vida de sobriedad. No lo esperaba y sé que es un regalo de Dios. Todo lo que necesitaba era humildad y la voluntad de hacer todo lo que mi patrocinadora me sugirió. Cada día es un nuevo regalo.

Ahora me siento parte integral de la comunidad de AA. Es un placer ir a reuniones para ver a mis amigos y ver cómo puedo contribuir a su éxito en la vida. Estoy profundamente bendecida.

El final

He estado sobria durante nueve meses y siento que este libro está terminado. El proceso de recuperación es continuo y estoy segura de que continuaré creciendo y cambiando. Sin embargo, creo que el propósito de este libro se ha completado.

Espero haber dicho algo que sea beneficioso para usted. Ese ha sido mi sincero propósito al escribirlo. Te bendigo en tu viaje espiritual.

Namaste,
Rose

Apéndice A

Los Doce Pasos de Alcohólicos Anónimos:

Los Doce Pasos de Alcohólicos Anónimos 1. Admitimos que éramos impotentes ante el alcohol, que nuestras vidas se habían vuelto ingobernables. 2. Llegó a creer que un poder superior a nosotros podría restaurarnos a la cordura 3. Tomó la decisión de entregar nuestra voluntad y nuestras vidas al cuidado de Dios tal como lo entendimos. 4. Hicimos una búsqueda e intrépido más inventario de nosotros mismos 5. Aceptamos a Dios, a nosotros mismos y a otro ser humano la naturaleza exacta de nuestros errores. 6. Estamos completamente listos para que Dios elimine todos estos defectos de carácter. 7. Humildemente le pedimos que eliminara nuestras deficiencias. 8. Hice una lista de todas las personas a las que habíamos perjudicado, y me dispuso a repararlas. 9. Se enmienda directamente a esas personas siempre que sea posible, excepto cuando hacerlo lesionaría a ellos u otros. 10. Continuamos haciendo un inventario personal y cuando nos equivocamos, lo admitimos de inmediato. 11. Buscamos a través de la oración y la meditación para mejorar nuestro contacto consciente con Dios tal como lo entendimos, orando solo por el conocimiento de su voluntad para nosotros y el poder para llevarlo a cabo. 12. Habiendo tenido un despertar espiritual como resultado de estos pasos, tratamos de llevar este mensaje a los alcohólicos y practicar estos principios en todos nuestros asuntos.

Apéndice B

Referencias:

Green, Glenda (1988, 1992), Love without End...Jesus Speaks. Heartwings Publishing, Fort Worth, Texas.

Renard, Gary R. (2002, 2003, 2014). The Disappearance of the Universe. Hay House, Inc. Carlsbad, California.

Schucman, Helen and Thetford, William (1975, 1985). A Course in Miracles A Combined Volume Foundation for Inner Peace, Tiburon, California.

W. Bill and S. Bob, Dr. (1936, 1955, 1976, 2001). Alcoholics Anonymous. Alcoholics Anonymous World Services, Inc. New York-City, New York.

Editado por: Maple Leaf Publishing Inc.
3rd Floor 4915 54 Street
Red Deer, Alberta T4N 2G7, Canada

https://mapleleafpublishinginc.com

Para pedir copias adicionales de este libro, comuníquese con:
1-(403)-356-0255

Número de control de ISBN:
unido: 978-1-77419-024-1
(eBook): 978-1-77419-025-8

Depósito legal : 02/11/2020

www.ingramcontent.com/pod-product-compliance
Lightning Source LLC
Chambersburg PA
CBHW062147100526
44589CB00014B/1725